Berlin

Spaziergänge

Barbara Neumeier

W0324316

Berlin

Spaziergänge

Barbara Neumeier

Bibliografische Information der Deutschen Nationalbibliothek:
Die Deutsche Bibliothek verzeichnet diese Publikation in der Deutschen Nationalbibliografie; detaillierte bibliografische Daten sind im Internet abrufbar über http://dnb.d-nb.de

Copyright © Barbara Neumeier, Berlin
ISBN: 978-3-7418-1313-9
Karten: USE gGmbH, www.u-s-e.org
Fotos: Barbara Neumeier
Druck und Verlag epubli GmbH, Berlin, www.epubli.de
Printed in Germany

Inhalt

Der Goldelse untern Rock jekiekt

Praktische Hinweise

Reiseziel Berlin

Für eine wachsende Zahl von Besuchern aus aller Welt ist Berlin ein Sehnsuchtsort, den man immer wieder gern besucht. Dazu kommt, dass die Stadt im Vergleich zu den meisten Metropolen immer noch erfreulich preiswert ist. Das betrifft auch die Anreise, denn die Hauptstadt wird von zahlreichen Billigfliegern und Fernbussen täglich angesteuert.

Dieser Reiseführer ist auch eine Hommage an Berlin als unkonventionelles Reiseziel und richtet sich u.a. an die vielen „Wiederholungstäter", die die Sehenswürdigkeiten ersten Ranges der Stadt bereits kennen und nun Lust haben, etwas hinter die Kulissen zu schauen.

Die Spaziergänge

Start und Ziel der Stadtspaziergänge ist jeweils eine U- bzw. S-Bahnstation. Die Spazierwege sind so angelegt, dass es auf der Wegstrecke möglichst viel zu sehen gibt und gleichzeitig auch Tipps zum Entspannen und Ausruhen zwischendurch, z.B. in schönen Cafés und Parks.

Es werden keine exakten Zeitangaben gemacht, zu unterschiedlich ist das individuelle Tempo des Spaziergängers und die Lust des Einzelnen zum Bummeln, Stöbern, Pausieren und Verweilen.

Viele der Sehenswürdigkeiten in diesem Führer sind ohne Eintritt. Neben den offiziellen „Top Ten" werden viele kleinere, oft auch etwas bizarrere oder skurrile Ziele erwähnt, die in den etablierten Reiseführern fehlen, aber doch eben typisch für die Stadt sind und Aufschluss über die Mentalität der Berliner geben.

Sich Fortbewegen

Am Anfang jeden Kapitels gibt es einen Plan, auf dem der vorgeschlagene Spaziergang gestrichelt eingezeichnet ist. Darüber hinaus braucht man nur noch einen gültigen U-Bahn-Fahrschein. Ein Stadtplan ist aber trotzdem eine gute Idee für Abstecher auf eigene Faust.

Apropos U-Bahn: Die Berliner Verkehrsbetriebe (www.bvg.de) bieten speziell für Touristen „Berlin WelcomeCards" und „Berlin CityTourCards" an, die zu empfehlen sind. Einen eigenen PKW braucht man in Berlin nicht, denn das öffentliche Nahverkehrsnetz ist so gut ausgebaut, dass man zu jeder Tages- und Nachtzeit überall hinkommt.

Extra-Infos und Adressen

Jeder Spaziergang enthält darüber hinaus am Anfang oder Ende des Kapitels noch Extras zu interessanten Themen, wie „Weinbau in Berlin", „Nachtleben in Kreuzkölln", „Erfahrungen mit der Stasi" etc. Außerdem gibt es noch Tipps zu Hostels, Theatern, Museen, Clubs, Cafés, Kneipen, Märkten und dergleichen mehr am Ende des jeweiligen Spaziergangs. Zitty (www.zitty.de) und Tip (www.tip-berlin.de) sind Stadtmagazine mit Veranstaltungs- und Kulturprogramm und den jeweiligen Programmadressen, die dabei helfen, das Kultur- und Unterhaltungsprogramm während des Berlin-Aufenthalts zu gestalten.

Sicherheit

Im Vergleich zu den meisten Metropolen ist Berlin kein „heißes Pflaster". An einigen Orten, die hier erwähnt werden, ist jedoch vor allem nachts erhöhte Wachsamkeit angebracht: RAW-Gelände, Kottbusser Tor, Hermannplatz und Alexanderplatz.

Preiswert übernachten

Zu jedem Stadtteil, der hier beschrieben wird, gibt es ein paar Übernachtungsadressen, vorwiegend auf das Budget von jungen Leuten und Studenten zugeschnitten, denn es ist besonders schwierig, im Sektor „gut **und** preiswert“ etwas zu finden.

Der Himmel über Kreuzkölln (im Klunkerkranich)

Kreuzkölln

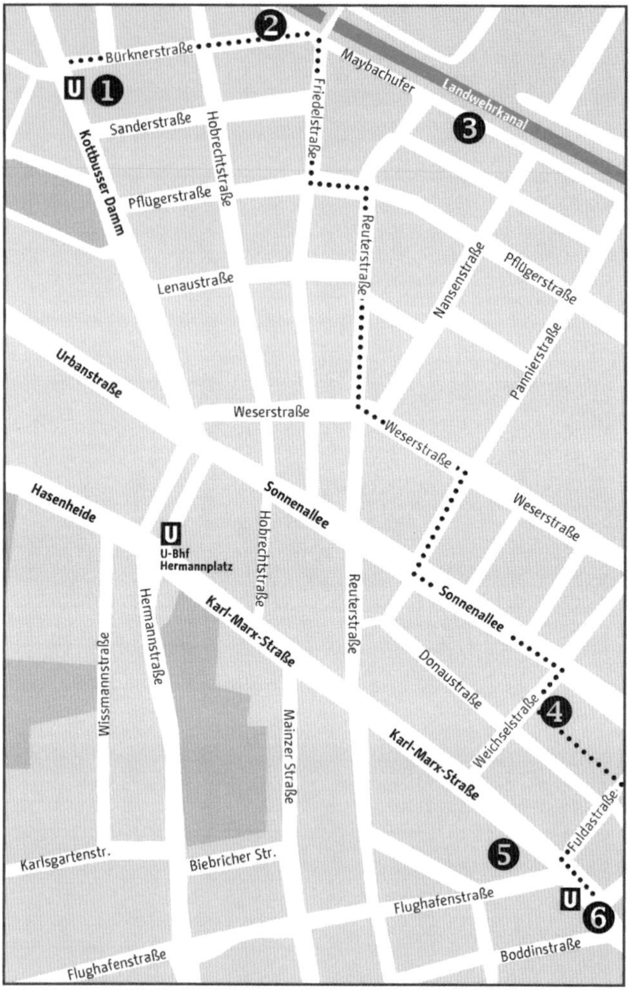

1 U-Bahnhof Schönleinstraße
2 Türkischer Markt, *immer di. und fr.*
3 Nowkölln Flow
4 IDEAL-Passage
5 Dachgarten Klunkerkranich auf den Neukölln Arcaden
6 U-Bahnhof Rathaus Neukölln

Quer durch den Reuterkiez

Auf unserem ersten Spaziergang bewegen wir uns durch den Norden des Bezirks Neukölln, im Volksmund auch gerne „Kreuzkölln“ genannt, weil sich die sprichwörtlichen „Kreuzberger Nächte“ inzwischen bezirksübergreifend auf dieses ursprüngliche Arbeiterviertel ausgedehnt haben. Übrigens hätte man noch vor gut 10 Jahren jeden, der einen Touristen in diese Gegend geschickt hätte, entweder für verrückt oder für besonders bösartig gehalten, so schlecht war der Ruf Neuköllns!

Aber in den letzten Jahren hat sich hier eine muntere Kreativszene und Clubkultur entwickelt, die dabei ist, dem Bezirk Mitte den Rang abzulaufen, was den Avantgardecharakter von Mode und Design, als auch die Lebendigkeit des Nachtlebens betrifft. Viele junge Musiker, Galeristen, Modemacher und andere Künstler aus der ganzen Welt haben hier ehemals leer stehende oder heruntergekommenen Ladenwohnungen renoviert und mit neuem Leben erfüllt. Bis vor kurzem fanden sie hier noch preiswerten Raum, um ihre Ideen umzusetzen. Es gibt viele kleine individuelle Läden und Cafés, romantische Spazierwege am Kanal und auch für das leibliche Wohl auf dem Rundgang ist gesorgt: Spezialitäten aus aller Welt werden in zahllosen Imbissen und kleinen Restaurants angeboten. Die kulinarische Weltreise ist erschwinglich und die Qualität meist gut, denn die Konkurrenz ist hier groß.

Der Reuterkiez mit gleichnamiger Straße und Platz verdankt übrigens seinen Namen dem Dichter Fritz Reuter, der wegen Majestätsbeleidigung lange Jahre in Festungshaft verbrachte und als einer der bedeutendsten Autoren von niederdeutschen Erzählungen mecklenburg-vorpommerscher Mundart bekannt wurde (z.B. „Onkel Bräsig“).

„Kiez“ ist ein Berliner Ausdruck für das Stadtviertel bzw. die Nachbarschaft, in der man zu Hause ist und sich auskennt. Der Begriff kommt ursprünglich aus dem Slawischen und bezeichnete die Siedlungen, die den wehrhaften Burgen der Sorben vorgelagert waren. Mit Reuterkiez ist genauer das Gebiet zwischen Landwehrkanal, Sonnenallee, Kottbusser Damm und Weichselstraße gemeint.

Mitte des 19. Jahrhunderts siedelten sich auf dem Wiesengelände um den Landwehrkanal am Maybachufer erste Gewerbebetriebe an. Die Einwohnerzahl stieg und zwischen Kanal und Kottbusser Damm entstanden Wohnhäuser und Kleingewerbeläden. Bis heute weist das Gebiet einen hohen Altbaubestand mit den charakteristischen Vorderhäusern, Seitenflügeln und Quergebäuden mit Gewerbehinterhöfen auf und gilt somit als typisches Berliner Altbauviertel, das auch für Berlin-Besucher reizvoll ist.

Der Kiezspaziergang ist eine kleine Reise in den Alltag, um hautnah zu erleben, wie man hier wohnen, arbeiten, einkaufen und seine Freizeit verbringen kann und wie sich der ehemalige Problemkiez, der regelmäßig durch die Medien geistert, entwickelt hat. Unsere Tour besticht weniger durch spektakuläre Sehenswürdigkeiten. Es ist vielmehr eine Reise in einen lebendigen multikulturellen Bezirk im Aufbruch, als auch durch eine lebendige Szene- und Clubkultur.

Wir steigen am **U-Bahnhof Schönleinstraße** ❶ aus und biegen in die Bürknerstraße ein. Hier gibt es viele dieser kleinen Läden, Cafés, Galerien, Ateliers, Werkstätten etc., die jetzt so typisch für Kreuzkölln sind und die uns mit vielen kleinen Dingen der Wohn- und Alltagskultur erfreuen, z.B. Mode- und Schmuckdesign, handgemachte Hüte, Bücher, Trödel, Fahrrad- und Kanuverleih, Kunstinstallationen etc., alles individuell, „made in Berlin“, weitab vom Massenkonsum der großen Einkaufszentren.

In der Bürknerstr. 26 ist das Kauf- und Kaffeehaus „Bonifazius“. Hier gibt es wunderbaren Trödel zu fairen Preisen, Antikes und Schönes, Raum zum Herumstöbern und Entdecken. Ein prima Tipp für alle, die auf der Suche nach Berlin-Mitbringseln auch noch entspannen und einen Kaffee (oder Bier) trinken wollen.

Sind wir an einem Dienstag oder Freitag hier, zwischen 11 und 18 Uhr, biegen wir links am Ufer des Landwehrkanals ab, um uns den bekannten **türkischen Markt** ❷ am Maybachufer nicht entgehen zu lassen. Er ist inzwischen zum Treffpunkt für junge Leute geworden, vor allem im Sommer mit Happening-Stimmung auf der übers Wasser vorgelagerten Holzterrasse. Orientalisches Markttreiben mit großem Angebot an mediterranen Lebensmitteln trifft auf Bio- und Bekleidungsstände, viele leckere Imbisse, manchmal Livemusik etc.

Samstags findet hier am Maybachufer ebenfalls ein besonderer Wochenmarkt statt: Neuköllner Stoff (11 bis 17 Uhr) mit Stoffen und Kurzwaren, Kunstgewerbe und Handwerk, Designartikeln, Lebensmitteln und Spezialitäten, Imbiss und Weinbar am Wasser.

Sollten wir an einem Sonntag hier sein (mit Ausnahme der Winterpause von Anfang Dezember bis Mitte/Ende März), biegen wir am Ende der Bürknerstr. auf die rechte Kanalseite ab. Hier, zwischen Liberda- und Nansenstr., direkt am Ufer, findet der zur Zeit coolste Flohmarkt Berlins, der **Nowkölln Flow** ❸, statt. Zu Unrecht nennen Spötter ihn schon „die Seidenstraße“, denn außer einem großen Angebot an Klamotten, Schuhen und Accessoires gibt es jede Art von privater Second Hand: Hausträdel, Bücher, Spielzeug, Kleinmöbel, original handmades und Wohnaccessoires, ein großes kulinarisches Angebot, Livemusik, Partystimmung schon am frühen Nachmittag (10-18 Uhr).

Die Preise sind so niedrig, dass man sich schon fast schämt, noch weiter herunterzuhandeln.

Unser eigentlicher Stadtrundgang führt uns jedoch rechts von der Bürkner- in die Friedelstraße. Hier geht der bunte Reigen kleiner Cafés, Galerien, Trödler, Buchläden, Eiscafés, Modedesigner etc. weiter. In der Friedelstr. 28 war bis vor kurzem noch der Kulturverein und Club „Kinski", wo um die Jahrtausendwende die neue Entwicklung des Kiezes, zumindest nachtclubmäßig, begann. Nostalgiker erinnern sich gerne: zu einer Zeit als es hier nur Ödnis und türkische Vereinskneipen gab, öffnete ein Verein mit Flüsterkneipencharakter seine Pforten. Das Mauerwerk innen war unverputzt, ein riesiger verrosteter Tresor vom Juwelier-Vorgänger dominierte die Bar, das selbstgebaute Klo konnte man nur im Kriechgang erreichen, was der Beliebtheit beim Publikum, d.h. überwiegend trinkfesten Individualisten und Menschen, die gern in geschlossenen Räumen rauchen, jedoch keinen Abbruch tat. Leider bleibt hier nichts als einen Nachruf auf diesen schönen Club zu schreiben, der richtungsweisend und stilprägend für die Clubkultur dieses Kiezes war. Im Sommer 2015 musste er, wie andere Szenepioniere, schließen (s. auch Exkurs: Stadtentwicklung und Quartiersmanagement).

Wir biegen nun links in die Pflügerstraße ein und dann gleich rechts in die Reuterstraße, Namensgeberin des Kiezes. An manchen Orten offenbart sich uns hier der Wandel des Viertels, zum Beispiel an der Hausnummer 39: ein Original-Schild aus den 60er Jahren, „Damensalon", verrät, was hier früher war. Aus der „Modernen Haarpflege" ist inzwischen ein Ausschank geworden.

Ein Stückchen weiter ist der Reuterplatz mit einem kleinen Park mit rundem Springbrunnen und einem mit Rosen berankten Laubengang, der sich im Sommer prima für eine Siesta eignet.

Kurz darauf sind wir Ecke Reuterstr./Weserstr. angelangt. Unser Spaziergang führt uns nach links in die Weserstraße, einer der Hauptaktionsachsen des Kreuzköllner Nachtlebens mit zahlreichen Bars, Kneipen und Restaurants. Aber auch tagsüber ist es hier ganz nett zum Bummeln.

Wenig später biegen wir rechts in die Pannierstraße ein und steuern auf die Sonnenallee zu. Auf diesem kurzen Abschnitt kann man praktisch eine kulinarische Weltreise antreten: von japanischen Maultaschen über Tex-Mex, Döner, französischer Croissanterie, italienischer Pizzeria, australischem Frühstück bis hin zum amerikanischen Burger.

An der Sonnenallee ist Schluss mit den szenigen Läden und ein komplett anderer Abschnitt von Neukölln beginnt, den man mit Fug und Recht „Klein-Arabien" nennen könnte, unschwer zu erkennen an entsprechenden Schriftzeichen über den Läden und in den Auslagen. Es gibt Handyläden, Frisöre, Supermärkte, Bäckereien, Imbisse, Geschenk- und Bekleidungsgeschäfte, Shisha-Lounges, Buchläden etc. Ein guter Tipp auf diesem Abschnitt ist die Konditorei „Umkalthum", benannt nach der legendären ägyptischen Sängerin, der „Nachtigall vom Nil". Sie bietet eine fantastische Auswahl an arabischem Gebäck und Süßigkeiten an, besonders lecker sind die „Babas au rhum". Dieser Straßenabschnitt hat besonders seit dem Sommer 2015 durch die Flüchtlingsbewegung großen Zulauf erfahren, ist ungeheuer geschäftig und brodelt vor Aktivität.

Wir laufen weiter bis zur Weichselstraße, biegen dort wieder rechts ab und stellen fest, dass sich der urbane Mikrokosmos hier erneut wandelt, wieder in Richtung Alternativszene.

Doch unser eigentliches nächstes Ziel ist die im Jugendstil erbaute **IDEAL-Passage** ❹, Weichselstr. 8a - f, die sich über mehrere Hinterhöfe bis zur Fuldastraße hinzieht. Die IDEAL-Passage, Häuser und Grünanlagen mit Licht, Luft und Sonne zum gesunden Wohnen für die Arbeiterschaft, wurde in den Jahren 1907/08 nach Plänen der Rixdorfer Architekten Willy und Paul Kind erbaut. Bauherren des mittleren Teiles der Passage waren die Allgemeine Ortskrankenkasse Rixdorf und der äußeren, an Fulda- und Weichselstr. gelegenen Gebäudeteile, die Rixdorfer Baugenossenschaft IDEAL. Beide Unternehmen fühlten sich reformerischen Ideen verpflichtet, weshalb sie die ursprünglich 203 Wohnungen mit einer Entstaubungsanlage, mit Zentralheizung und Warmwasserversorgung, sowie zum überwiegenden Teil mit Badegelegenheiten ausstatteten. Damit waren sie ihrer Zeit weit voraus, was Wohn- und Lebensqualität der Bewohner anging. Die hässlichen Betonschüttungen der 50er, 60er und 70er Jahre wie z.B. das Märkische Viertel und die Gropiusstadt im Süden von Neukölln müssen dem Betrachter im Vergleich dazu wie Quantensprünge nach hinten vorkommen. An einem heißen Sommertag ist die IDEAL-Passage eine Oase der Ruhe im lauten Neukölln und wenn man durch die Tannen in den Hinterhöfen die verträumten Fachwerkfassaden und Giebel und die Tierreliefs im Jugendstil über den Eingängen ansieht, kommen schon fast Schwarzwaldgefühle auf und man wundert sich, wie viel an Kontrasten auf so engem urbanen Raum möglich ist. Verlassen wir nun die IDEAL-Passage zur Fuldastraße hin.

Jetzt sind wir wieder mitten im Trubel und gehen rechts bis zur Karl-Marx-Straße, direkt auf das Einkaufszentrum „Neukölln Arcaden“ zu, was an Geschäften, Gastronomie und Service all das bietet, was man von Shopping Centern so gewohnt ist. Unser eigentliches Ziel und Endpunkt unseres Kreuzkölln-Rundgangs ist jedoch das Parkdeck auf dem Dach der Neukölln Arcaden, von dem man einen tollen Ausblick auf die Stadt hat. Dort hat im Spätsommer 2013 der **Dachgarten Klunkerkranich** ❺ eröffnet. Es gibt dort rustikale Holzpodeste, eine Tanzfläche und eine Bar. Nachmittags entspannte Musik zum Chillen, abends auch Konzerte und DJs. Für Kinder ist ein Sandkasten da, für Bienen ein Bienenstock und das Ganze ist bepflanzt nach Art des modernen urbanen Guerilla-Gärtnerns. Man fährt mit dem Aufzug bis in die fünfte Etage des Parkdecks und läuft, immer den Hinweisschildern nach, die Serpentine bis aufs Dach. Schon durch den Panoramablick weit über die Stadt, der auch einige Geheimnisse der Hinterhöfe Neuköllns enthüllt, wird man für seine Mühen belohnt. Leider ist auch dieses schöne Projekt durch interne Streitigkeiten unter den Gründern in seinem Bestand bedroht (Stand: Frühjahr 2016). Hier werden mal wieder die Grenzen des Wirtschaftens im Kollektiv und der Berliner Hippie-Ökonomie deutlich.

Unser Spaziergang endet am **U-Bahnhof Rathaus Neukölln** ❻. Wer aber noch einen Einkaufsbummel machen will, hat die Gelegenheit, die Karl-Marx-Straße herauf- und herunterzubummeln. Hier gibt es eigentlich alles, besonders viel Schuh- und Modegeschäfte, auch der exotischeren Art: egal, ob indische Hochzeitssaris, afrikanische Batikhemden oder türkische Ballkleider, in denen die Trägerin in einem Meer aus bonbonfarbenem Tüll und Pailletten versinkt und die jede Barbiepuppe vor Neid erblassen lassen. Die türkischen Modegeschäfte bieten eine große Auswahl an schönen Seidencarrés an, die man auch als Nicht-Muslima als Halstuch tragen oder als Mitbringsel aus Neukölln verschenken kann.

Wer noch mehr von Neukölln sehen will, kann weitermachen mit dem Spaziergang „Bummel im Herzen von Neukölln – das einzige böhmische Dorf mit U-Bahnanschluss“. Für die Nachtschwärmer gibt es noch das Extra „Kreuzkölln bei Nacht“.

Kreuzkölln bei Nacht

Ob kleiner Abendspaziergang, Nachtwanderung oder ausgedehnte Sause, als Rückgrat der Erlebnisachse, die sich durch den Norden Neuköllns zieht, kann man am besten die Weserstraße vom Kottbusser Damm bis zur Wildenbruchstraße empfehlen. Es wäre müßig, an dieser Stelle namentlich all die vielen kleinen Bars, Clubs, Läden, Cafés, Galerien und anderen mitunter sehr exzentrischen Veranstaltungsorte aufzuführen, denn momentan ist hier alles in ständigem Fluss und man erlebt schon nach kurzer Abwesenheit so manche Überraschung. Auch Bürkner-, Sander-, Lenau- Hobrecht-, Friedel-, Reuter- und Pannierstraße sind ein guter Tipp und die Szene verlagert sich gerade auch nach Süden, Richtung Fulda-, Weichsel- und Ossastraße. Wer es entspannter mag, bummelt an einem lauen Sommerabend den Landwehrkanal entlang, am Maybach- oder Paul-Lincke-Ufer (letzteres ist aber schon in Kreuzberg) und weiter Richtung Weichselplatz und Kiehl- und Weigandufer.

In den lokalen Zeitungen findet man oft etwas übertriebene Beschreibungen des Kreuzköllner Nachtlebens. Das hört sich dann ungefähr so an: zwei Mädchen im Rotkäppchenkostüm stehen auf der Bühne und zeigen, was sie im Strip- und Pole-Dance-Workshop gelernt haben, gleichzeitig rasiert ein durchgeknallter Frisör einem Gast den Hinterkopf im Leopardenmuster, während eine schwedische Techno-Band im Basement probt und ein DJ aus Texas Punkplatten auflegt. Die Verfasserin, selber gerne abends in ihrem Quartier unterwegs, hat so eine Ballung von Aktivitäten noch nicht erlebt, aber es ist unbestritten, dass der Reuterkiez seit einiger Zeit auch exzentrischere Bewohner anzieht.

Am besten, man lässt sich einfach treiben, freut sich auf einen entspannten Abend, erwartet nichts und ist gleichzeitig auf alles gefasst.

Zur Institution der „Spätis"

Im Ruhrgebiet und im Rheinland gab es ihn schon immer, den Kiosk oder das „Büdchen", wo es auch nach Ladenschluss alles gibt, was man so braucht. In Berlin ist dieselbe Institution unter dem Namen „Späti", kurz für „Spätverkaufsstelle", seit einigen Jahren auf dem Vormarsch. Lag der Schwerpunkt dieser Läden früher auf Zeitungen und Tabakwaren, haben sie sich inzwischen mehr zu Mini-Supermärkten mit großer Spirituosenauswahl entwickelt, mit dem Schwerpunkt auf preiswertem Bier. Oft gibt es ein paar einfache Sitzgelegenheiten vor der Tür und man sieht jeden Abend sehr viele zufriedene junge Leute mit einer Flasche „Sterni" für 50 Cent in der Hand dort sitzen oder durchs Quartier streifen. Man trifft sich auch gern auf einer der zahlreichen Brücken (Admiralbrücke, Hobrechtbrücke, Thielenbrücke) zum preiswerten Sonnenuntergangstrunk bei romantischem Blick über den Kanal. Für die Gastronomie eine kleine Katastrophe, weil die Gewerbemietpreise im Trendbezirk Kreuzkölln inzwischen sehr hoch sind!

Lieblings-Späti auf unserer Kreuzköllntour: Bürkner-/Ecke Hobrechtstr.

Inzwischen ist die Bierflasche in der Hand in bestimmten Bezirken so etwas wie das Trend-Accessoire von Berlin geworden, so wie die Chanel-Handtasche für Paris oder Gucci-Zubehör für Mailand, etc. Hier geht es nur demokratischer zu, es können alle mithalten.

Aber so mancher Berlin-Besucher sieht das Mit-der-Bierflasche-in-der-Hand-Spazierengehen auch kritisch.

Rose, Gaststudentin der Stanford-Uni in Kalifornien: „This is so unclassy!"

Bettina, Lehrerin aus Westfalen, mit ihrer 15-jährigen Tochter Julia zu Besuch in Berlin: „Schlimm, hier laufen die Jugendlichen schon morgens früh mit einer Bierflasche in der Hand herum!“ Dazu eine Neuköllnerin: „Aber abends erst! Da musste erst mal sehen, was hier abends los ist!“

Für alle Verzweifelten, die die regulären Ladenöffnungszeiten verpennt haben: WWW.SPAETIFINDER.DE. Einer der stadtweit rund 1000 Spätis ist bestimmt auch in deiner Nähe!

Stadtentwicklung und Quartiersmanagement

Nach der Wende 1989 setzte eine rasante soziale und demographische Veränderung in vielen Stadtteilen, u.a. auch im Reuterkiez, ein. Besser Verdienende zogen weg, Migranten und sozial Schwache blieben. Der Alltag der Bewohner wurde durch soziale Probleme, Leerstand, Verwahrlosung und einen Anstieg der Kriminalitätsrate erschwert.

Um derartigen Entwicklungen entgegenzuwirken, reagiert der Berliner Senat seit 1995 mit Quartiersmanagement („QM“ von frz. quartier = Stadtviertel). Die Programme des QM werden von Stadtsoziologen auf den Weg gebracht und dienen dem Aufbau und der Stabilisierung von Nachbarschaften, baulicher Weiterentwicklung und Verbesserung von Bildungseinrichtungen. In Berlin gibt es insgesamt 34 Gebiete, die durch QM gefördert werden, allein 11 davon sind in Neukölln.

Seit 2003 wird auch der Reuterkiez durch das QM gefördert. Die finanzielle Förderung kommt aus Quellen der EU, der Bundesregierung und des Landes Berlin. Architekten, Wirtschaftsingenieure und Stadtplaner arbeiten zusammen mit Quartiersräten, denen Bewohner des Viertels, Hausbesitzer, Handel- und Gewerbetreibende und Mitglieder der lokalen Verwaltung angehören, an der Aufwertung ihres Kiezes. Sie entscheiden auch gemeinsam, wie die finanziellen Mittel eingesetzt werden. Die Hauptziele sind die Verbesserung der Bildungschancen der Bewohner und verstärkte soziale und ethnische Integration. Die Bilanz ist, vor allem was die Stärkung

Am Landwehrkanal

des sozialen Zusammenhaltes betrifft, sehr positiv. Jeder, der hier im Kiez lebt, kann als „lokaler Akteur" beim Quartiersmanagement mitmachen, je nach Zeit und Interesse.

Es gibt allerdings auch kritische Stimmen zur Entwicklung des Reuterkiezes, vor allem, was die allerjüngsten Entwicklungen betrifft. Es sei zu viel Imagepflege betrieben worden, heißt es da. Durch die gezielte Vermietung von Leerstand an Kreative, Designer, Künstler etc. sei das Quartier zum Hipsterbezirk geworden und habe einen Gentrifizierungsprozess eingeleitet (60% Mietsteigerung in 5 Jahren!), der dazu führt, dass einige der Szenepioniere, die dazu beigetragen haben, das Leben hier bunter und vielfältiger zu machen, schon wieder weg sind, weil sie sich eine Existenz im aufgewerteten Bezirk nun nicht mehr leisten können! Ganz zu schweigen von Rentnern, Studenten, Arbeitslosen, jungen Familien und Geringverdienern, denen oft nur die Wahl bleibt, auf engem Raum zusammenzurücken oder woanders hinzuziehen.

Der Reuterkiez wird nicht mehr lange durchs Quartiersmanagement gefördert, danach setzt man auf „Verstetigung". Das heißt im Klartext, dass es kein Fördergeld mehr gibt und dass sich die während der Förderungszeit etablierten Netzwerke und Strukturen von nun an selber tragen müssen. Mal sehen, wie sich der Reuterkiez entwickelt!

Schlafen im Bezirk

- ***The Cat's Pajamas Hostel***, Urbanstr. 84, beliebtes Hostel mit jungen, internationalen Gästen, WWW.THECATSPAJAMASHOSTEL.DE
- ***Hüttenpalast***, Hobrechtstr. 66, in der Produktionshalle einer ehemaligen Staubsaugerfabrik kann man in alten Wohnwagen und Hütten übernachten, es gibt aber auch Zimmer. Garten, Sauna, Veranstaltungen, Café, WWW.HUETTENPALAST.DE

Cafés

- ***Katulki,*** Friedelstr. 41
- ***Myxa,*** Lenaustr. 22
- ***Café Zazza***, am „Zickenplatz", Schönleinstr. 7 b/ Ecke Dieffenbachstr.
- ***Coffee Corner***, Kottbusser Damm 1, kleines italienisches Café, direkt an der Kottbusser Brücke/Ecke Gräfestraße, fantastischer Kaffee, schöne Atmosphäre, sehr betriebsam, Logenplatz auf das geschäftige Treiben am Kottbusser Damm
- ***Umkalthum,*** Sonnenallee 50

Kneipen/ Essen und Trinken im Bezirk

- ***rice-up,*** Onigiri-Snackbar, direkt in der U-Bahn Schönleinstraße, leckere japanische Reissnacks (Sushi-Reis mit verschiedenen Füllungen, umhüllt mit gerösteten Nori-Algenblättern). Manchmal Kunst- und Videoinstallationen von lokalen jungen Künstlern in den kleinen Schaufenstern an den Außenwänden
- ***Azzam,*** Sonnenallee 54, Imbisslokal mit fantastischer nahöstlicher Küche, günstige Preise, lebendige Atmosphäre

- *La Femme*, Kottbusser Damm 77, Café mit ausgezeichnetem türkischen Frühstück, Spezialität: leckere, frische selbstgemachte Sesamkringel (Simit)
- *Ankerklause,* Kottbusser Damm 104, schöne Hafenbar direkt an der Kottbusser Brücke
- *Musashi,* Kottbusser Damm 102, kleiner beliebter japanischer Imbiss
- *Saint-Amour,* Maybachufer 2, süßes kleines französisches Restaurant mit Lyoner Küche

Nachtleben (s. auch „Kreuzkölln bei Nacht“)

- *Schlawinchen,* Schönleinstr. 34, Kneipe, eine Kreuzberger Institution seit 1979, literarisch geadelt in dem Buch und Film „Herr Lehmann“. Rauchen, saufen, wenig zahlen. Rund um die Uhr geöffnet.
- *Klunkerkranich,* Karl-Marx-Str. 66; WWW.KLUNKERKRANICH.DE
- *Fuchs und Elster*, Weserstr. 201, Cocktailbar im Keller (Fr und Sa ab 20 Uhr), auch Kaffee-Bar und Restaurant, WWW.FUCHSUNDELSTER.COM
- *Posh Teckel*, Pflügerstr.4, benannt nach der Dackeldame Ella der Betreiberin, Kiezkneipe, Musikbar, leckeres Barfood, bayrisches und Berliner Bier

Märkte

- *Orientalischer Wochenmarkt,* dienstags und freitags 11 bis 18 Uhr, Maybachufer
- *Nowkölln Flow,* jedes 2. Wochenende am Maybachufer, zwischen Liberda- und Nansenstraße, alternierend mit dem Flohmarkt in den Prinzessinnengärten in Kreuzberg. Winterpause! Unbedingt vorher auf der Homepage nachsehen, was wann und wo stattfindet:

WWW.NOWKOELLN.DE und WWW.KREUZBOERG.DE.

- ***Neuköllner Stoff am Maybachufer***, samstags 11 bis 17 Uhr

Souvenirs, Souvenirs …

- ***Kauf- und Kaffeehaus Bonifazius***, Accessoires & Ambiente, Bürknerstr. 26
- ***Stadtlichter,*** Bürknerstr. 1, gut sortierte Buchhandlung mit Belletristik in Deutsch, Englisch und Französisch, auch Titel, die sich mit quartiersrelevanten Themen befassen, wie Integration, Gentrifizierung, Kapitalismuskritik etc. Gelegentlich Lesungen. Onlineshop WWW.STADTLICHTER.DE
- ***Kaufladen,*** Friedelstr. 28, Mode und Accessoires aus Kreuzkölln, einer der schönsten Läden im Quartier

Im Netz:

Der Nord-Neukölln Kiezführer WWW.KIEZNETZ.DE gibt einen aktuellen Überblick über Kunst, Kultur, Kommerz und Kneipen.

Neukölln

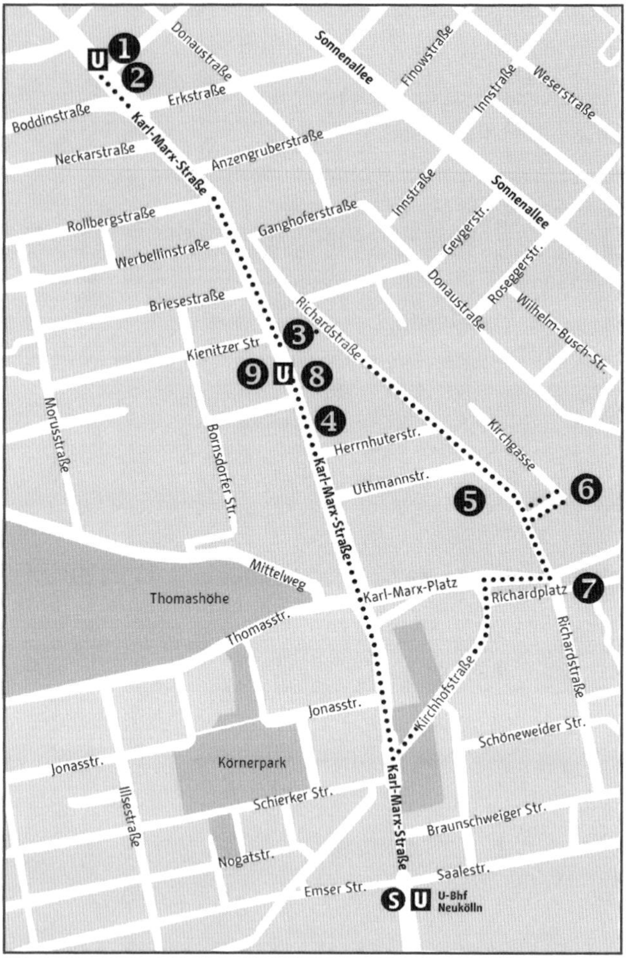

1 U-Bahnhof Rathaus Neukölln
2 Rathaus Neukölln
3 Neuköllner Oper
4 Heimathafen Neukölln
5 Comeniusgarten
6 Museum im Böhmischen Dorf
7 Bethlehemskirche
8 Puppentheater-Museum Berlin
9 U-Bhf. Karl-Marx-Straße

Das einzige böhmische Dorf mit U-Bahnanschluss

Wir beginnen unseren Spaziergang dort, wo der Bummel durch den Reuterkiez endet, nämlich an der **U-Bahnstation Rathaus Neukölln** ❶.

Ursprünglich war das **Rathaus Neukölln** ❷ ein preußischer Amtsbau mit Zinnen und Giebeln, der in der zweiten Hälfte des 19. Jahrhunderts erbaut wurde, nachdem 1874 Böhmisch- und Deutsch-Rixdorf zusammengelegt worden waren. Durch die Vereinigung der beiden Dörfer und das starke Bevölkerungswachstum im Zuge des industriellen Booms brauchte man dringend ein neues Verwaltungsgebäude. Vom Kern dieses alten Amtshauses ist heute nichts mehr zu sehen, es wurde im 2.Weltkrieg so stark zerstört, dass auch die Überreste abgerissen werden mussten. Wir sehen heute die Erweiterungen des alten Amtshauses, das Stadtbaurat Reinhold Kiehl 1905 mit dem 67m hohen Rathausturm entworfen hatte. Auch Mies van der Rohe und Bruno Taut legten später Hand an und halfen, es zu einem Baudenkmal der frühen Moderne zu machen. Auch der Erweiterungsbau wurde im Krieg beschädigt, konnte aber in den 50er Jahren wieder aufgebaut und restauriert werden. Die kupferne Figur oben auf dem Turm, die sich immer nach dem Wind dreht, ist übrigens die Glücksgöttin Fortuna. Seit 1908 sieht sie auf das Treiben in den Neuköllner Häuserschluchten hinab. Einige Teile des Rathauses kann man besichtigen. In den Foyers gibt es wechselnde kleine Ausstellungen zur Geschichte des Bezirks und zum Haus selber.

Das Rathaus Neukölln im Rücken, laufen wir nun ein Stück die geschäftige und rund um die Uhr belebte Karl-Marx-Straße hinunter und lassen uns, ganz im Sinne des berühmten Spaziergängers Franz Hessel „... überspülen von der Eile der anderen und nehmen ein Bad in der Brandung der Menge" (Franz Hessel, Spazieren in Berlin, original erschienen in Berlin 1929. Zitiert aus: Verlag für Berlin-Brandenburg, 2. Auflage, Januar 2013, p. 23).

Ein Bad der wirklich entspannenden Art können wir dagegen im Stadtbad Neukölln in der Ganghoferstr. 3, der dritten Straße, in die wir von der Karl-Marx-Str. aus nach links einbiegen, nehmen. Dieses bezaubernde und original restaurierte Jugendstilbad von 1914 steht unter Denkmalschutz und galt seinerzeit als eines der größten (bis zu 10.000 Besucher pro Tag!) und schönsten Bäder Europas. Der Architekt und Baustadtrat Reinhold Kiehl (s. Rathaus Neukölln) entwarf nach antikem Vorbild einen Gemeinschaftsbau für Stadtbibliothek und öffentliche Badeanstalt, der von außen nicht viel von der Pracht der russisch-römischen Badeanlage erahnen lässt. Es gibt eine große und eine kleine Schwimmhalle mit Travertinsäulen, Wandelgängen und Mosaiken nach antikem Vorbild und einen Saunabereich, der keine Wünsche offen lässt (Kräuter-, finnische, Dampfsauna, Caldarium, Sanarium, Massage, Dachgarten, Cafeteria, Tauchbecken, Ruheräume). Ein perfekter Tipp für einen Wellness-Tag!

Wir gehen die paar Schritte vom Stadtbad in der Ganghoferstraße zurück und biegen links wieder in die Karl-Marx-Straße ein. Unser nächstes Ziel, die **Neuköllner Oper** ❸, befindet sich seit 1988 in der Karl-Marx-Str. 131-133, im ehemaligen Rixdorfer Ballsaal in der Passage Neukölln. Auch dieser Bau wurde vom Architekten Reinhold Kiehl (s. Rathaus und Stadtbad) projektiert. Die Neuköllner Oper ist ein Autoren- und Uraufführungstheater, dessen Ensemble aus einem Team von festen Mitarbeitern und mit ihnen verbundenen Theatermachern besteht. In den 70er Jahren entstand die Neuköllner Oper als Gegenentwurf zur konventionell-bürgerlich besetzten Gattung „Oper" und hatte zum Ziel, so lebensnah wie möglich vor allem auch in sogenannten „kulturfernen" problematischen Bezirken wie Neukölln zu spielen. Zum Konzept gehört es auch, Musikproduktionen der verschiedenen Genres aufzuführen, wie z.B. Musical, Operette, Soap-Operette, Oper, Revue, Kindermusiktheater, Barockoper etc. Die Neuköllner Oper fördert auch den künstlerischen Nachwuchs in Berlin und kooperiert deshalb mit der Hochschule für Musik „Hanns Eisler" und der Universität der Künste in Berlin. Die Produktionen sind witzig, frech und originell und viele halten die Neuköllner Oper (Berlins viertes Opernhaus neben der Staatsoper Unter den Linden, der Deutschen Oper und der Komischen Oper) für das kreativste und innovativste Musiktheater der Stadt.

Wir bleiben bei den kulturellen Highlights und gehen gleich noch ein paar Häuser weiter zum **Heimathafen Neukölln** ❹ in der Karl-Marx-Str. 141. Schon zu Zeiten, als es noch hieß „In Rixdorf ist Musike …", war hier der Salon Niesigk, in dem Tanzvergnügen stattfanden. Daraus wurde dann der Saalbau Neukölln, der nun das Volkstheater „Heimathafen Neukölln" und das im Stil des 19. Jahrhunderts restaurierte klassische Kaffeehaus Café Rix beherbergt. Der Heimathafen Neukölln bietet seit 2009 neues Volkstheater aus Berlin und trägt der vielschichtigen kulturellen Mischung Rechnung durch einen Crossover an Stilen, Genres und Kulturen.

Das Café Rix mit seinem schönen Ambiente mit Goldstuck, großen Spiegeln und einem ruhigen Hofgarten lädt zum Entspannen ein. Womöglich in Vorfreude auf einen abwechslungsreichen Theaterabend nehmen wir uns ein Programmheft mit und gehen ein paar Schritte zurück, in die Passage der Neuköllner Oper. Jetzt kehren wir aber der Oper mitsamt ihrem Café Hofperle den Rücken und nutzen den Durchgang zur Richardstraße, die uns direkt ins Zentrum von Böhmisch-Rixdorf (Richardsdorf) führt.

Direkt gegenüber, in der Richardstr. 105 gibt es ein veritables Paradies für Trödelfans: ca. 1500 m^2 Trödel und Antikes aus allen Bereichen (Bücher, Möbel, Hausrat, Geschirr, Technisches etc.) im Trödel- und Antikhof, der teilweise überdacht, teils unter freiem Himmel ist.

Wer sein Geld hochprozentig anlegen und gleichzeitig ein typisch Berlinerisches Mitbringsel sucht, sollte in der Richardstr. 31 bei Getränke Sommerfeld Halt machen. Dieser Spirituosenladen verkauft schon seit vielen Jahrzehnten Spezialitäten aus dem Herzen von Böhmisch-Rixdorf wie Bunte Wolke, Persiko (**das** Kultgetränk der 70er Jahre), Kalmüser, ebenfalls ein ur-Berliner Gesöff und Rixdorfer Galgen, einen Kräuterlikör. 1922 wurde die Destillerie Grützmacher, die diese Liköre und Brände herstellt, nicht weit von hier, am Richardplatz/ Ecke Hertzbergstraße, gegründet. Seit Ende der 90er Jahre werden die Spirituosen nicht mehr im eigenen Keller in Rixdorf, sondern in einer Fabrik in Mariendorf hergestellt, aber immer noch nach den alten Originalrezepten von vor fast 100 Jahren. Sommerfeld selber ist auch schon eine Institution im Viertel: eine nette Mischung aus Getränkehandel, Wohnzimmer und Nachbarschaftstreffpunkt.

Geistvolles - allerdings auf anderer Ebene - erwartet uns auch im **Comenius-Garten** ❺, Richardstr. 35, einem kleinen böhmischen Paradies und einer Oase der Ruhe und Erholung mitten im belebten, urbanen Neukölln. Der geniale böhmische Philosoph, Theologe und Pädagoge Jan Amos Comenius stand Pate für diesen 1995 eröffneten Garten. Eine seiner Maximen war, dass der Mensch zwar die Freiheit zur Umgestaltung der Welt hat – aber nur als Garten. Ein weiterer Grundsatz von Comenius ist, dass das Leben auch immer lebenslanges Lernen bedeutet, was sich auch in der Gestaltung des Gartens widerspiegelt, dessen verschiedener Bepflanzung einzelne Etappen des menschlichen Lern- und Lebensweges zugeordnet werden. Es gibt ein Veilchenbeet, einen Rosenhain, einen Wiesenteppich, einen Irrgarten, ein Arzneigärtlein, ein Seelenparadies und ein Mosaisches Becken. Den Eintritt ins Paradies erlangt man, indem man den kleinen silbernen Klingelknopf am Holzzaun drückt, und schon geht die Pforte auf. Das Ganze ist eine kostenlose Erholung für Neuköllner und gestresste Berlin-Besucher. Auch Spaziergänge mit philosophischen Gesprächen im Geiste des Comenius zur Erbauung von Körper und Seele finden nach vorheriger Vereinbarung statt.

Gut entspannt machen wir uns nun auf zu einem Besuch im Museum im Böhmischen Dorf (geöffnet donnerstags 14–17 Uhr, bzw. der erste oder dritte Sonntag im Monat 12-14 Uhr).

Wir verlassen den Comenius-Garten durch die Pforte, durch die wir gekommen sind, überqueren die Richardstraße und biegen direkt gegenüber in die kleine Kirchgasse ein. Schon sind wir im Herzen des Böhmischen Dorfes, in einer bäuerlichen Idylle mit Gärten, kleinen Gassen und alten Häusern. Das erste, was wir sehen, ist das Wahrzeichen des Böhmischen Dorfes, ein Denkmal des Königs Friedrich Wilhelm I., dem die böhmischen Siedler sehr dankbar waren, weil er ihnen so großzügig Schutz vor Verfolgung und Land zum Leben gewährt hatte. Der Denkmalsockel ist mit Reliefs verziert, die auf der einen Seite die Ankunft der böhmischen Exulanten und auf der anderen ihre neue Heimat, das Dorf Rixdorf, zeigen.

Auf dem Relief, das Rixdorf zeigt, ist im Hintergrund auch Gebirge zu sehen, offenbar eine Reminiszenz an die böhmische Heimat, denn richtige Berge gibt es in Neukölln nun wirklich nicht, mal abgesehen von den Hügeln der Rollberge. Nur ein paar Schritte vom ca. 100 Jahre alten Denkmal entfernt befindet sich der 1. Betsaal der Brüdergemeinde in der Kirchgasse 5. Bis 1907 wurde das Gebäude noch als Schule genutzt, später als normales Wohnhaus für mehrere Familien und seit 2005 beherbergt es neben den Privatwohnungen ein kleines Museum, das **Museum im Böhmischen Dorf** ❻, das dem Besucher Heimatkunde im wahrsten Sinne des Wortes nahe bringt. Die Mitarbeiterinnen sind sehr freundlich und engagiert und wissen viel zu berichten. Sie stammen alle selbst von den Rixdorfer Böhmen ab. Die Ausstellungsstücke stammen fast alle aus Familienbesitz. Die Gesang- und Gebetsbücher (auf deutsch und tschechisch), Fotos, Bücher, Spielzeuge, Lehrmittel, Kleidungsstücke und Hüte erzählen ihre eigene Geschichte von der alten und neuen Heimat. Besonders hübsch anzusehen sind die Häubchen der Herrnhuter Frauen, an denen man erkennen konnte, welchen Familienstand die Trägerin hatte und die bis in die 60er Jahre zwar aus Perlon, aber immer noch in Handarbeit einzig in Herrnhut in der Lausitz angefertigt wurden.

Unter dem Motto „Kinder entdecken das Böhmische Dorf" führen die Mitarbeiterinnen des Museums auch Entdeckungstouren für Schulklassen durch, auf denen die Kinder die Bedeutung von Kleidung, Musik, Religion und Friedhofsgebräuchen für die Identität von damaligen und heutigen Einwande-

Idylle in Neukölln - das Böhmische Dorf

rern kennenlernen und feststellen, dass es Parallelen zwischen den modernen Anwohnern mit Migrationshintergrund und den böhmischen Exulanten von einst gibt.

Wir laufen durch die Kirchgasse zurück und biegen links in die Richardstraße ein, der wir bis zum Richardplatz folgen. Die kleine hübsche **Betlehemskirche** H aus dem 15. Jahrhundert (Ecke Schudomastr./Richardplatz) und die Historische Rixdorfer Schmiede prägen das Gesicht dieses ursprünglichen Dorfangers. Die Gebäude der denkmalgeschützten Schmiede stammen aus dem Jahr 1797. Jetzt wird in der Schmiede designorientierter Metallbau betrieben, es werden feine Klingen hergestellt, außerdem Schmiede-, Restaurations- und Schlosserarbeiten gemacht und man kann dort sogar Schmiedekurse besuchen oder einfach nur beim Schmieden zusehen.

Spezieller saisonaler Tipp: der romantische Rixdorfer Weihnachtsmarkt immer am zweiten Adventswochenende auf dem Richardplatz. Wer möchte, biegt vom Richardplatz in die Kirchhofstraße ein und besucht den Böhmischen Gottesacker, der zu den ältesten heute noch genutzten Begräbnisstätten in Berlin gehört und ebenfalls viel über die Geschichte des Böhmischen Dorfes verrät, z.B. durch die Inschriften auf den alten Grabsteinen, die zum Teil noch auf Tschechisch sind.

Von der Kirchhofstr. biegen wir wieder in die Karl-Marx-Str. ein und zwar nach rechts in Richtung U-Bahnstation Karl-Marx-Straße. In der Karl-Marx-Str. 135 befindet sich das **Puppentheater-Museum** ❽. Ein Besuch dort ist ein besonderes Vergnügen für Kinder und Erwachsene. Hier erklärt Hausgeist Manfredi seinen Gästen, warum er so blutunterlaufene Augen hat und was zur Geisterstunde so alles los ist in seinem Museum. Ein kniehohes Teufelchen mit Pferdefuß stellt vorwitzige Fragen und Pinocchio lädt die Besucher zu Turnübungen ein. Die Puppenspielerinnen und Theaterpädagoginnen machen mit ihrer Begeisterung und Liebe zum Puppenspiel den Besuch zu einem Erlebnis und, überhaupt, ist man in guter Gesellschaft von Frau Holle, Paganini, Dr. Faustus und vielen anderen. Spätestens wenn man selber versucht hat, eine Marionette zu führen, wird klar, warum man mindestens acht Semester an der Hochschule für Bühnenkunst studiert haben muss, bis man es zum diplomierten Puppenspieler gebracht hat …

Besonders beliebt sind übrigens die Taschenlampenführungen für Kindergruppen, zu denen man sich aber auch mit eigenen Kindern oder Enkeln anmelden kann.

Nun sind wir nur noch ein paar Schritte von der **U-Bahn Karl-Marx-Straße** ❾ entfernt, wo unser Spaziergang endet.

Neukölln hat noch viel mehr zu bieten. Ein paar U-Bahnhaltestellen weiter Richtung Britz z.B. kann man Wohnsiedlungen der klassischen Moderne wie die Rote Zeile oder die berühmte Hufeisensiedlung besuchen und sich durch eine Originalwohnung aus den 20er Jahren führen lassen. Gleich in der Nähe gibt es seit September 2013 einen prächtigen, farbenfrohen Hindutempel, in dem auch Andersgläubige sehr willkommen sind. Aber das ist schon wieder ein anderer Spaziergang …

Info: Zur Geschichte des Böhmischen Dorfes

Früher hieß Neukölln „Rixdorf". Hier eine kurze Geschichte der Dörfer Böhmisch-Rixdorf und Deutsch-Rixdorf, dem Herzen des heutigen Neukölln:

Richardsdorp – Rieksdorf - Rixdorf war schon im 14. Jahrhundert ein kleines Dorf im Umland von Berlin. Von Neukölln konnte damals noch keine Rede sein. Ursprünglich befand sich dort ein Hofgut des Johanniterordens, das 1360 durch Gründungsurkunde Dorfstatus bekam (Richardsdorf). Die Johanniter verkauften ihr Dorf 1435 an die gemeinsame Kämmereiverwaltung der Schwesternstädte Berlin und Cölln (= Keimzelle des heutigen Berlin, um die Fischerinsel herum). 1543 ging es in den alleinigen Besitz von Cölln über. Das Leben in dem kleinen Dorf war beschaulich, die meisten Einwohner waren Bauern.

1737 trafen die ersten Glaubensflüchtlinge aus Böhmen ein. Die böhmischen Herrscher und Könige waren meist katholisch und nicht so tolerant in Glaubensdingen. Deswegen wurden Menschen, die dem Reformator Johann (auch: Jan) Hus folgten (Hussiten) und sich zum Protestantismus bekannten, verfolgt. Zunächst fanden sie Zuflucht in Herrnhut in der Lausitz auf den Gütern des Grafen von Zinzendorf, einem Freund des Königs Friedrich Wilhelm I. („Soldatenkönig" und Vater Friedrichs des Großen). Schon bald benötigte man mehr Siedlungsraum für diese Herrnhuter Protestanten und der König ließ den Flüchtlingen aus Böhmen und Mähren Siedlungen bauen, von denen heute aber nur noch das Böhmische Dorf in

Berlin-Rixdorf existiert. Die ersten ca. 200 Glaubensflüchtlinge, die 1737 in Rixdorf ankamen, waren Bauern und Handwerker. Die Neuankömmlinge brachten ihre Sprache, ihre Kultur und ihren Glauben mit. Bis heute leben hier die Nachfahren folgender drei evangelischer Bekenntnisse: die Herrnhuter Brüdergemeinde, die Reformierte Kirche und die Lutherische Kirche.

Friedrich Wilhelm I. erkannte schon damals, dass die eigentliche Ressource seines Landes die Menschen mit ihren Fähigkeiten waren. Das bewog ihn dazu, nach den Katastrophen der Vergangenheit (Dreißigjähriger Krieg, Pestepidemie, Hungersnöte etc.) eine Peuplierungspolitik einzuleiten, die den Flüchtlingen ein kostbares Gut, nämlich Glaubens- und Gewissensfreiheit, garantierte und ihren Fleiß, ihre Tatkraft und ihre Fähigkeiten nutzte, um Ackerbau, Handwerk und Handel voranzutreiben.

1753 baute die böhmische Brüdergemeinde in der Kirchgasse 5 ein Bethaus, das auch als Schule diente. Bis 1907 wurde dort unterrichtet. Heute sind in dem idyllischen Haus Privatwohnungen und seit 2005 auch das Museum im Böhmischen Dorf; ein kleines, sehenswertes Heimatmuseum mit interessanten Exponaten und sehr netter, kompetenter und engagierter Führung, natürlich von Nachkommen dieser ersten Rixdorfer Böhmen.

Um 1800 setzte sich der Name „Rixdorf" statt „Richardsdorf" durch. Böhmisch-Rixdorf und Deutsch-Rixdorf wurden 1874 zusammengelegt, vorher waren sie zwar in unmittelbarer Nachbarschaft, jedoch brauchtumsmäßig, kulturell und verwaltungstechnisch getrennt gewesen. Bis ca. 1820/30 war die Hauptumgangssprache im böhmischen Teil von Rixdorf noch Tschechisch.

Mit der fortschreitenden Industrialisierung in der zweiten Hälfte des 19. Jahrhunderts wuchsen die umliegenden Dörfer immer enger mit der Metropole Berlin zusammen und im Zuge dieser Entwicklung löste sich schließlich die Kultur und Sprache der Einwanderer in der Mehrheitskultur auf, bis auf die historischen Reste, die wir heute im Böhmischen Dorf von Neukölln besuchen.

Seinen landwirtschaftlichen Charakter verlor Rixdorf ebenfalls in dieser Epoche: die 14 ortsnahen Mühlen auf den Rollbergen, einst Wahrzeichen von Rixdorf, mussten der Kiesgewinnung weichen. Den Kies hatten die Gletscher der letzten Eiszeit dorthin gerollt und die findigen Bauern erkannten, dass man mit Kies mehr „Kies" machen konnte als mit Windmühlen: zuerst wurde er als Baumaterial an die aus allen Nähten platzende Metropole Berlin verkauft, danach das Bauland veräußert, so dass in großem Maße vorstädtische Arbeitersiedlungen gebaut werden konnten, die Vorläufer der Mietskasernen.

In den sanften Steigungen der Rollbergstraße sieht man übrigens heute noch letzte Reste des Neuköllner Rollbergs.

In den Mietshäusern sah es finster aus: oft hausten 10- bis 12-köpfige Familien in winzigen Wohnungen, die in vielen Fällen auch noch an sogenannte Schlafburschen oder Bettgänger untervermietet wurden, so dass die Betten rund um die Uhr belegt waren, um die Mieten aufzubringen. Es erübrigt sich zu sagen, dass die sanitären Bedingungen katastrophal waren: winzige Plumpsklos im Hof für alle!

1899 wurde Rixdorf zur kreisfreien Stadt und durch seine Nähe zur Metropole zur Arbeiterschlafstadt für die Berliner Betriebe. 1908 wurde unter Architekt und Baustadtrat Reinhold Kiehl ein neues Rathaus erbaut, ein repräsentativer Prachtbau, der eher das Selbstbewusstsein der Kiesbarone und Fabrikbesitzer widerspiegelte als das Lebensgefühl der Arbeiterschaft.

Mit der rasch wachsenden Bevölkerung entwickelten sich in Rixdorf auch viele Amüsierbetriebe (Biergärten, Ballsäle, Tanzlokale, Kneipen, Bordelle, Rummel …), so dass Rixdorf bald zum Synonym für billiges Vergnügen und sittenloses Treiben wurde. Aus dieser Zeit stammt auch der beliebte Schlager „In Rixdorf ist Musike …" Als der Ruf endgültig ruiniert war, fand man, dass es an der Zeit war für eine Namensänderung. 1912 wurde mit Erlaubnis des Kaisers Wilhelm aus Rixdorf Neukölln, was auf die Beziehung zur alten Berliner Schwesternstadt Cölln verweist (und nicht etwa auf Köln am Rhein!)

Politisch war die alte Arbeiterhochburg Neukölln eine Heimat der Linken. 1918 dankte der Kaiser ab, die Republik wurde ausgerufen und in Neukölln konstituierte sich im Winter 1918/19 für wenige Wochen ein Arbeiter- und Soldatenrat nach Vorbild der Russischen Revolution.

1920 schließlich wurde Neukölln inklusive Britz, Rudow und Buckow zum 14. der zwanzig neuen Verwaltungsbezirke Groß-Berlins.

Die turbulenten 20er Jahre brachten dem frischgebackenen Bezirk Neukölln in mancher Hinsicht Wandel und Veränderung:

- **Urbanisierung**: 1927 wurde mit dem U-Bahnhof Hermannplatz ein zentraler Verkehrsknotenpunkt geschaffen, der die Infrastruktur entscheidend verbesserte. Der U-Bahnhof wurde übrigens Ende der 80er Jahre originalgetreu restauriert. 1929 bekam Neukölln mit „Karstadt am Hermannplatz" Europas größtes und modernstes Kaufhaus.
- **Reformerische Ideen** in den Bereichen Wohnen und Bildung:
- **Die Ideen der Bauhaus-Schule** für Architektur und Design fanden sich wieder in modernen Wohnsiedlun-

gen wie der Hufeisensiedlung in Britz, die seit 2008 zum Weltkulturerbe zählt. Überhaupt erlebte „Reformbauen" in der Weimarer Republik seinen Höhepunkt. Die Leitgedanken haben auch heute noch Gültigkeit in der Städteplanung: erholsames, gesundes, preiswertes Wohnen mit Grünanlagen und Gärten bei durchmischter Bevölkerungsstruktur.

- **Reformpädagogische Gedanken** wurden in Neuköllner Schulen wie der Rütli- und der Fritz-Karsen-Schule umgesetzt, die zum bildungspolitischen Experimentierkasten wurden. In diesen Einheitsschulen wollte man, weg von Drill und Zwang, projektorientiertes und schülerzentriertes Lernen fördern, was zu selbstbestimmtem Handeln und Verantwortungsbewusstsein der Schüler führen sollte. Ungeheuer progressiv für die damalige Zeit!

Politische/historische Ereignisse im Neukölln der 20er Jahre: auch die Bevölkerung Neuköllns wurde hart von der Weltwirtschaftskrise getroffen. Vor dem großen Arbeitsamt Südost in der Sonnenallee, genannt „Hungerpalast" spielten sich oft erschütternde Szenen der verzweifelten und in Not geratenen Bevölkerung ab. Im Nachzug des 1. Mai 1929 kam es zu blutigen Unruhen und Barrikadenkämpfen, dem sogenannten „Blutmai 1929", als sich die aufgestaute Wut nach einem Demonstrationsverbot entlud.

Während des Faschismus in den 30er Jahren ging das Leben in Neukölln im Kiez teilweise im Untergrund weiter. Die Nazis konnten im traditionell klassenkampfstarken Neukölln nie richtig Fuß fassen. Im 2. Weltkrieg wurde hier, wie überall in Berlin, viel zerstört. Quartiere wie das Rollbergviertel, fielen nach dem Krieg den Abrissbirnen der Sanierung zum Opfer. In den 50ern regenerierte sich das Viertel, es gab wieder viele

Kleingewerbebetriebe und für die meisten Bewohner fanden die Lebensbereiche Wohnen, Arbeit und Freizeit im selben Kiez statt. Auch die traditionellen Eckkneipen spielten eine wichtige Rolle im Sozialleben des Viertels.

Mit dem Mauerbau und der Teilung Berlins wurde Neukölln 1961 Randbezirk. Rebellische Studenten und Künstler zog es vor allem seit Mitte der 60er Jahre mehr in den Nachbarbezirk Kreuzberg. Neukölln war ein ruhiger Arbeiterbezirk, der wie ganz West-Berlin von Berlinzulage (für die Werktätigen) und Berlinsubventionen (für die Unternehmen) profitierte. Vor allem im Süden waren viele Gewerbegebiete und Fabriken angesiedelt.

Nach dem Fall der Mauer wendete sich das Blatt für Neukölln wiederum: die oben genannten Vergünstigungen fielen weg, Arbeitsplätze gingen verloren und besser Verdienende zogen weg, während sozial Schwache und Migranten blieben. (Zur sozialen Entwicklung s. auch Spaziergang „Reuterkiez").

Erst seit kurzem ist besonders der Norden Neuköllns sehr attraktiv, vor allem für kreative, gut ausgebildete junge Leute internationaler Herkunft und die Mieten ziehen zur Zeit kräftig an. Auch Nachtschwärmer zieht es in letzter Zeit verstärkt nach Neukölln (s. „Kreuzkölln bei Nacht").

Sehenswürdigkeiten

- ***Stadtbad Neukölln***, Ganghoferstr. 3, WWW.BERLINERBAEDER.DE, an jedem letzten Freitag im Monat Mitternachtsschwimmen und -sauna von 19 – 1 Uhr/ samstags 20 - 22 Uhr textilfreies Romantik-Schwimmen bei Kerzenschein und entspannter Musik
- ***Neuköllner Oper***, Karl-Marx-Str. 131 – 133, WWW.NEUKOELLNEROPER.DE
- ***Heimathafen Neukölln***, Karl-Marx-Str. 141, WWW.HEIMATHAFEN-NEUKOELLN.DE
- ***Comeniusgarten,*** Richardstraße 35, WWW.COMENIUS-GARTEN.DE
- ***Museum im Böhmischen Dorf***, Kirchgasse 5, WWW.MUSEUMIMBOEHMISCHENDORF.DE
- ***Bethlehemskirche,*** Richardplatz 22
- ***Puppentheater-Museum,*** Karl-Marx-Str. 135, WWW.PUPPENTHEATER-MUSEUM.DE

Schlafen im Bezirk

- ***Rixpack Hostel***, Karl-Marx-Str. 75, WWW.RIXPACK.DE

Souvenirs, Souvenirs ...

- ***Trödel- und Antikhof***, Richardstr. 5, Mo – Fr 10 -18 Uhr
- ***Spirituosen Sommerfeld***, Richardstr. 31/32
- ***Die gute Seite – Buchhandlung am Richardplatz***, Richardplatz 16, mit Kaffee und Kuchen von der Kuchengabel, sympathische Buchhandlung, gutes Angebot an Belletristik, Kinder- und Jugendbüchern, graphic novels. Kinderfreundlich, sehr leckere Kaffee- und Kuchensorten!
- ***Curious Fox***, Flughafenstr. 22, independant bookshop mit einer guten Auswahl an neuen und gebrauchten

englischen Büchern, freundlicher Service, cookies & tea, WWW.CURIOUSFOX.DE

- *Peitschenhandel,* Kirchhofstr. 44, im 2. Hinterhof, handgemachte Peitschen, Fetischhof. Es gibt auch ein BDSM Café und Treff, unabhängig vom Peitschenladen. Größte Auswahl an Schlagwerkzeugen in der Stadt: Gerten, Ruten, Rohrstöcke, Paddles, Flogger, Arschklopfer ... Man glaubt es kaum, welche Vielfalt es auf diesem Sektor gibt. Entspannte, freundliche Atmosphäre, man braucht keine Hemmungen zu haben, hineinzugehen und sich alles anzusehen, sogar bei der Fertigung der Peitschen von Hand kann man zusehen. Auch ansonsten alles, was das Herz von SM-Fans höher schlagen lässt. Originelle Mitbringsel für die Daheimgebliebenen, „handmade in Neukölln"! Website: WWW.PEITSCHENHANDEL.DE

Cafés

- *Café Rix*, Karl-Marx-Str. 141, WWW.CAFERIX.DE
- *Café Hofperle*, Karl-Marx-Str. 131, WWW.HOFPERLE-BERLIN.DE

Kneipen, Restaurants

- *Villa Rixdorf*, Richardplatz 6, Café – Restaurant in historischem Alt-Rixdorfer Bauernhaus, deutsche Küche, WWW.VILLA-RIXDORF.COM

Nachtleben

- *Griessmühle,* Sonnenallee 221, Do - Mo, toller Klubgarten und Kulturstandort, leider wird dieses Kleinod der Neuköllner Subkultur ständig von nervigen Nachbarn und Behörden bedrängt, WWW.GRIESSMUEHLE.DE

Empfehlenswerte Bars:

- ***Velvet Bar***, Ganghoferstraße 1, WWW.VELVET-BERLIN.DE
- ***Tier,*** Weserstr. 42

Romantisch: das Böhmische Dorf in Neukölln

Friedrichshain

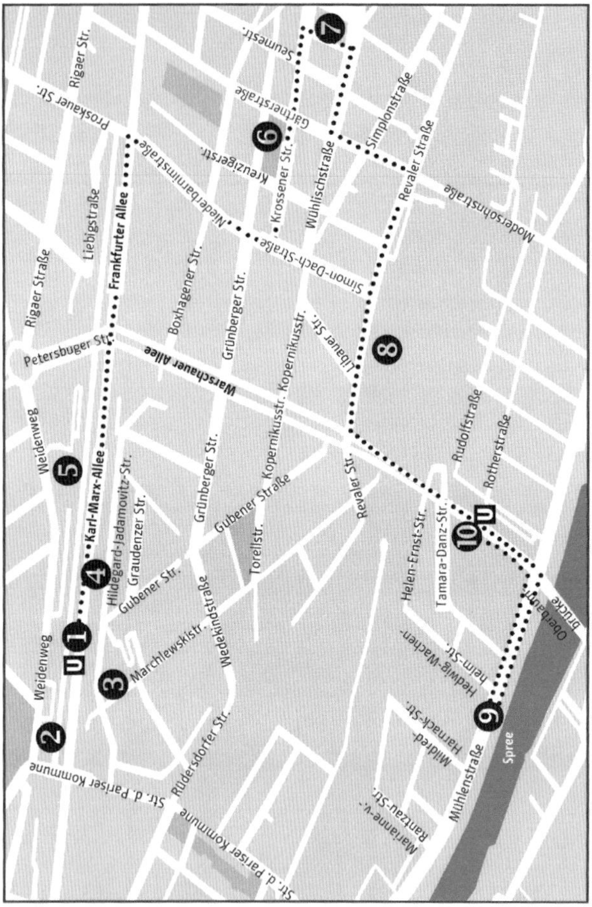

1 U-Bhf. Weberwiese
2 Computerspielemuseum
3 Hochhaus an der Weberwiese
4 Laubenganghäuser
5 Kino Kosmos
6 Boxhagener Platz
7 Knorrpromenade
8 RAW-Tempel
9 East-Side Gallery
10 U-Bhf Warschauer Str.

Computerspiele in Stalins Badezimmer, ein bisschen Industriegeschichte und sehr viel Spaß beim Ausgehen

Ein Spaziergang durch Friedrichshain hat viel zu bieten: eine Zeitreise in die 50er Jahre zur Karl-Marx-Allee im Stalinistischen Zuckerbäckerstil, DDR-Geschichte zum Anfassen, einen Besuch im Computerspiele Museum, „grüne" Laubenganghäuser, szenige Flohmärkte, junge Mode aus Berlin, Ausgehmeilen ohne Ende und mit dem RAW-Gelände, wo unser Spaziergang endet, eine der letzten Industriebrachen der Innenstadt und gleichzeitig einer der aufregendsten „Abenteuerspielplätze" (Kultur- und Partyoase) für junge und jung gebliebene Erwachsene.

Wir nehmen die U-Bahn bis zur **Weberwiese** ❶ und stehen mitten auf der Karl-Marx-Allee (früher Stalinallee), einem sozialistischen Prachtboulevard, erbaut im Stalinistischen Zuckerbäckerstil der 50er Jahre nach Moskauer Vorbild.

Vom U-Bahnausgang sind es nur ein paar Schritte bis zum **Computerspiele Museum** ❷ in der Karl-Marx-Allee 93a. „Willkommen zur Zeitreise mit Pac Man und Co: Im Computerspiele Museum gibt es ein Wiedersehen mit den Helden aus 60 Jahren Computerspielgeschichte" wirbt die Infobroschüre des Museums. Es ist in der Tat erstaunlich, was alles an Exponaten zusammengetragen wurde. Die gesamte Ausstellung ist überwiegend interaktiv gestaltet, d.h. man kann die altbekannten Computerspiele-Klassiker dort wirklich spielen. Das Museum selbst befindet sich in den Räumen des „Café Warschau", das 1953 eröffnet wurde und an das heute nur noch die prächtigen Wandmosaiken und die geschwungene Treppe im Foyer erinnern.

Der passionierte Gamer bleibt gleich hier und schenkt sich den Rest des Spaziergangs, alle anderen gehen wieder hinaus auf die Karl-Marx-Allee.

Wir überqueren die Karl-Marx-Allee und gehen diagonal durch einen kleinen Park, die Weberwiese. Nun stehen wir vor einem Meilenstein und Leitbild des Aufbauprogramms der DDR nach dem 2. Weltkrieg. Das neunstöckige **Hochhaus an der Weberwiese** ❸ war das erste Hochhaus der DDR. Heutzutage an andere Wolkenkratzer gewohnt, ist man fast gerührt beim Anblick des kleinen Hochhauses, dessen Bau sechs Jahre nach dem Krieg, am 1.9.1951 begann und das schon acht Monate später bezugsfertig war. Für die damalige Zeit waren die 33 Wohnungen mit unglaublichem Luxus ausgestattet: es gab Müllschlucker, Aufzüge und einen Wintergarten auf dem Dach, der von einer Terrasse umgeben war. Jede Wohnung war natürlich mit eigenem Bad und Toilette ausgestattet und zur Standardausstattung der im Schnitt 96 m^2 großen Wohnungen gehörten auch Elektroherd und Telefon. Die Außenfassade ist mit weißen Keramikfliesen und Schmuckelementen der Meißner Porzellanmanufaktur verkleidet. Das Mauerwerk besteht zum großen Teil aus Ziegelsteinen, die aus Kriegstrümmern gewonnen wurden.

Für den Hauseingang verwendete man schwarzen Marmor aus Hermann Görings Landsitz „Carinhall“ nördlich von Berlin. Die Säulen am Hauptportal sind von der abgetragenen Reichskanzlei. Auf diese Überreste der Naziherrschaft wurde über dem Eingang eine Inschrift von Bertolt Brecht eingraviert, die zweite Strophe seines „Friedensliedes“:

„Friede unserem Lande, Friede in unserer Stadt, daß sie den gut behause, der sie erbauet hat.“

Das Hochhaus an der Weberwiese war als Modell für die geplante Stalinallee vorgesehen. Der Architekt, Hermann Henselmann, kam aus der Bauhaus-Schule, die den Sozialisten aber zu „bourgeois" war. So orientierte sich Henselmann in seinem Entwurf an der klassischen deutschen Baukunst Schinkels und auch am russischen Klassizismus, wie man ihn etwa auf den großen Boulevards von Moskau oder Odessa findet.

Das Hochhaus an der Weberwiese sollte auch propagandistische Zwecke erfüllen: ein steingewordenes Versprechen auf eine Zukunft in Frieden und Wohlstand in einem System, das dem Kapitalismus überlegen war.

Das Haus wurde übrigens in den 90er Jahren renoviert und beherbergt immer noch ganz normale Mietwohnungen. Bei seinem Erstbezug waren die Mieter 30 Arbeiterfamilien, ein Volkspolizist, ein Lehrer und ein Architekt mit ihren jeweiligen Familien.

Im 19. Jahrhundert wohnten um die Weberwiese herum Färber und Weber in armseligen Hütten. Die Wiese wurde als Rasenbleiche für die hergestellten Stoffe benutzt.

Wir kehren dem Hochhaus an der Weberwiese nun den Rücken und gehen nach rechts die Karl-Marx-Allee hinunter. Im Laufe der Geschichte wechselte diese Straße, die zu den großen Ausfallstraßen gehört, die sternförmig vom Zentrum Alexanderplatz ins nordöstliche Umland führen, mehrmals ihren Namen. Ursprünglich hieß sie bis zur Straße der Pariser Kommune, die hinter uns liegt, Große Frankfurter Straße, und ab hier, also östlich anschließend, Frankfurter Allee. Am 21.12.1949 wurde sie zu Stalins 70. Geburtstag in „Stalinallee" umbenannt. Anfang der 60er Jahre begann man in der Sowjetunion, sich kritisch mit der Ära Stalin und ihren Gräueln auseinanderzusetzen. Dieser Prozess der Entstalinisierung fand dann auch in der DDR statt und so benannte man die Straße

1961 in Karl-Marx-Allee um und holte auch den bronzenen Genossen Stalin vom Sockel, um ihn wieder einzuschmelzen. Die Frankfurter Allee wurde wieder abgetrennt, aber nun beginnt sie weiter östlich, am Frankfurter Tor. Das ist historisch gesehen nicht ganz korrekt, denn die alte Berliner Zollgrenze mit dem Stadttor (Frankfurter Tor) befand sich eigentlich weiter westlich, eben dort, wo die Straße der Pariser Kommune die Karl-Marx-Allee kreuzt.

Die Stalinallee, die auf im Krieg komplett zerstörtem Gelände ab 1952 entstand, war ein Vorzeigeprojekt und sollte die erste „sozialistische Allee“ mit Wohnpalästen für die Arbeiter sein, eine Wohn- und Geschäftsstraße für alle, gleichzeitig Modell für den Wiederaufbau, Prestigeobjekt und Zeugnis der Ingenieurskunst der DDR. Die architektonische Inspiration für eine repräsentative Gestaltung der Allee holte man sich aus Kiew, Sankt Petersburg und Moskau, vor allem von den Gebäuden der dortigen Lomonossow-Universität.

In der Passage der Karl-Marx-Allee 114-116 können wir uns den Grundstein ansehen, den Ministerpräsident Otto Grotewohl am 3.2.1952 legte. Dort, im sogenannten Block E-Süd, begann das gigantische Wiederaufbauprogramm, das der Bevölkerung nach der Enttrümmerung auch viele freiwillige Arbeitsstunden abforderte. Wer über 300 unbezahlte Arbeitsstunden abgeleistet hatte, bekam ein Los aus der Aufbaulotterie und durfte, wenn er Glück hatte, später auch dort wohnen. Drei Zimmer, Küche, Bad mit Fernheizung und Telefon kosteten beim Erstbezug 84 Mark Miete im Monat und am Anfang wohnte dort wirklich der Professor neben dem Arbeiter.

Der Prachtboulevard im Stalinistischen Zuckerbäckerstil sollte auch Paraden und Aufmärschen dienen. Die in rasantem Tempo aufgebaute Allee begann jedoch schon in den Siebzigern zu bröckeln, trotzdem ist „Stalins Badezimmer“ (wegen der Fassadenfliesen) heute längstes Baudenkmal Europas und übt immer noch eine ungebrochene Faszination aus.

Die Utopie vom Arbeiterwohnpalast für alle erwies sich jedoch schon bald als unbezahlbar und man wich deshalb schon Ende der Sechziger auf die preiswerte, stabile und praktische „Platte“ aus, so zu sehen zum Beispiel in der Karl-Marx-Allee zwischen Alexanderplatz und Strausberger Platz, wo Plattenbauten dominieren.

Wir setzen unseren Bummel auf der Karl-Marx-Allee fort und bleiben vor den Häusern 126-128 stehen. Diese beiden **Laubenganghäuser** ❹ waren die ersten Nachkriegshäuser der Karl-Marx-Allee überhaupt und wurden vom Architekten Hans Scharoun, einem Vertreter des „Neuen Bauens“ konzipiert. Nach den Mietskasernen der Gründerzeit wollte man ursprünglich eine idyllische Gartenstadt auf den Kriegstrümmern errichten, mit viel Grün und licht- und luftdurchfluteten Wohnräumen, für die die Bauweise der Laubengänge ideal war. Die Idee stammte aus der Bauhaus-Schule für Architektur und Design, und es gab schon Ende der 20er Jahre erste Laubenganghäuser in Hamburg. Die „Wohnzelle Friedrichshain“ sollte wegweisend für ganz Berlin werden, wobei die Größe einer solchen Zelle einer nahe gelegenen Schulgröße entsprechen sollte und soziale Beziehungen der Bewohner über die Kinder geknüpft und durch die kommunikationsfördernde Architektur gestärkt werden sollten.

Dem damaligen Ministerpräsidenten und späteren Staatsoberhaupt der DDR, Walter Ulbricht, gefiel das jedoch nicht. Er ließ schnell wachsende Pappeln vor den Häusern pflanzen, um die seiner Meinung nach „hässlichen Eierkisten“ dahinter zu verstecken. Die Baukonzepte der Bauhaus-Schule galten in der DDR als eigensinnig und abgehoben und nicht mit dem Sozialismus vereinbar. So blieb es bei nur zwei Laubenganghäusern im Ostteil der Stadt (Karl-Marx-Allee 102-104 und 126-128). Scharoun ging nach West-Berlin und baute dort u.a. die „Schwangere Auster“ (alte Kongresshalle im Tiergarten) und die Philharmonie. In der Stalinallee setzte man auf sowjetische Monumentalarchitektur, was auch auf den damaligen Personenkult um Stalin zurückging.

Die Bauhaus-Schule war schon in den 30er Jahren fast geschlossen nach Israel emigriert und schuf dort mit der architektonischen Gestaltung von Tel Aviv eine der schönsten Metropolen am Mittelmeer.

Direkt vor dem Laubenganghaus überqueren wir an der Ampel die Straße und stehen auf der anderen Seite schon wieder vor einem Gebäude, das nicht so recht zum russischen Zuckerbäckerstil passt: das **Kino Kosmos** ❺, 1961/62 im Stil der Moderne erbaut und seinerzeit das größte und modernste Filmtheater der DDR. Im Oktober 1962, zum 13. Geburtstag der DDR, wurde das Kino, das als Kulturbau für die zahlreichen Bewohner der Stalinallee geplant war, eröffnet. Der Name des Kinos erinnert an die große Begeisterung, für die Raumfahrt zur damaligen Zeit beiderseits des „Eisernen Vorhangs“. Der Russe Yuri Gagarin war der erste Mensch, der 1961 die Erde im All umkreiste und wohlbehalten wieder dorthin zurückkehrte. Es sah so aus, als hätten die kommunistischen Staaten die Nase vorn beim Wettflug zum Mond und die Bewunderung, die die Bevölkerung dem Kosmonauten Gagarin entgegenbrachte war sehr groß, er verlieh einer ganzen Epoche Euphorie und Glamour.

Das Kosmos dient heute als Veranstaltungszentrum für Tanzveranstaltungen und Tagungen.

Natürlich muss hier auch der Arbeiteraufstand vom 17. Juni 1953 erwähnt werden, der auf der Baustelle der Stalinallee seinen Anfang nahm. Näheres dazu am Ende dieses Spaziergangs unter „Historischer Exkurs".

Während wir einen Teil der frühen DDR-Geschichte beim Bummeln Revue passieren lassen, nähern wir uns dem Frankfurter Tor. Wie schon erwähnt, befand sich das historische Stadttor Berlins ursprünglich weiter westlich, nahe der alten Berliner Zollmauer. Das Frankfurter Tor mit seinen zwei Kuppeln wurde nach dem Krieg ebenfalls wieder aufgebaut, nach Plänen des Architekten Hans Henselmann, der auch das Hochhaus an der Weberwiese entworfen hatte. Die Gontardschen Kuppeln vom Deutschen und Französischen Dom vom Ende des 18. Jahrhunderts am Gendarmenmarkt dienten als Vorbild. Henselmann blieb dabei der leitenden Kulturdoktrin der DDR treu: Kunst und Architektur sollten sozialistisch ihrem Inhalt und national ihrer Form nach sein; d.h. die vom deutschen Klassizismus inspirierten Kuppeln sollten die Paläste der Arbeiter, der bedeutendsten sozialen Schicht im Klassenkampf, krönen. Die Türme wurden zwischen 1955 und 1960 errichtet, ihre Vorbilder vom Deutschen und Französischen Dom wurden erst mehr als 20 Jahre später wieder aufgebaut.

Wir bleiben auf der gleichen Straßenseite, wobei wir die Petersburger Straße überqueren, um der früheren Stalinallee, die ab jetzt Frankfurter Allee heißt, noch ein Stückchen weiter zu folgen.

Zu DDR-Zeiten war die Frankfurter Allee ein beliebter Boulevard, wo die Werktätigen einkaufen, bummeln, sich erholen oder in einem der (osteuropäischen) Nationalitätenrestaurants essen gehen konnten. In den Geschäften gab es auch die begehrte „Bückware". Darunter versteht man aufgrund der Mangelwirtschaft der DDR knappe Waren des täglichen Bedarfs, die über Beziehungen unter dem Ladentisch den Besitzer wechselten. Hanns Hopp war der maßgebliche Architekt dieses Abschnitts der Stalinallee, die mit ihren breiten Promenaden und dem typischen Baustil der Hotels und Häuser etwas an Odessa erinnert und ein bisschen Schwarzmeerflair vermittelt. Man braucht nur auf einer der Bänke vor den Rosenbeeten Platz zu nehmen und sich vorzustellen, der Lärm des nicht enden wollenden Verkehrs sei Meeresrauschen …

Ihre Bedeutung als Shopping- und Flaniermeile hat die Straße nach der Wende verloren, obwohl die Wohnungen dort weiterhin sehr begehrt sind.

Auch in der Frankfurter Allee Nr. 13-15, wo heute eine Bank ist, ging es früher lustiger zu: das Gebäude beherbergte zu DDR-Zeiten das rumänische Nationalitätenrestaurant „Bukarest“, wo fast jeden Abend kräftig gefeiert wurde, auch auf der Balkonterrasse in der ersten Etage. Die Hausbewohner, die durch ein ruhiges Leben ohne viel Autolärm verwöhnt waren, riefen öfters die Vopos (Volkspolizisten), wenn es von der Balkonterrasse des „Bukarest“ wieder schallte: „Hoch die Tassen!“

Alles harmlose Beschäftigungen, wenn man bedenkt, was die jetzigen Insassen, sprich: die Banken, heutzutage so alles anstellen …

Zusammenfassend kann man trotz allem sagen, dass das Vorzeigeprojekt „Stalinallee“ eine gewaltige Aufbauleistung der Menschen in der DDR war.

Hinter dem Frankfurter Tor überqueren wir die Frankfurter Allee und biegen rechts in die Niederbarnimstraße ab. Schon sind wir mittendrin, im Südkiez von Friedrichshain mit seinen vielen kleinen Läden, Cafés, Restaurants, Kneipen, Bars und Imbissen. In der Nachwendezeit hat sich hier, im einstigen Arbeiterviertel, eine bunte Ausgeh-, Party- und Amüsiermeile entwickelt. Manch einem ist es schon zu viel Trubel, aber die Straße ist auf beiden Seiten mit Bäumen bepflanzt, so dass ein Bummel durch die Niederbarnim- und ihre Fortsetzung, die Simon-Dach-Straße, eigentlich recht angenehm ist.

Ecke Niederbarnim-/Boxhagener Straße ist das kleine Kino „Intimes", das seit 1920 durchgängig geöffnet ist. Es hat nur 60 Sitzplätze und zeigt Filme abseits des Mainstream, und manchmal auch noch alte Ostfilme. Ein guter Tipp für den Auftakt zu einem lauschigen Abend zu zweit im Szenekiez!

Auch hier im Bezirk spielt die Gentrifizierung eine große Rolle. Alteingesessene Bewohner finden sich plötzlich in einem schicken und angesagten Szenebezirk wieder, Investoren aus dem In- und Ausland zeigen Interesse, die Mieten steigen (s. Kreuzkölln). Wir sind uns der Problematik bewusst, ohne uns deshalb den Spaß am Spazierengehen nehmen zu lassen und folgen der Simon-Dach-Straße bis zur Krossener Straße, in die wir links abbiegen.

Die nächste Etappe unseres Spaziergangs ist schon in Sicht: der **Boxhagener Platz** ❻, auch liebevoll „Boxi" genannt. Hier gibt es schon seit 1905 jeden Samstag einen Wochenmarkt, auf dem Erzeugnisse aus der Region angeboten werden. Während des 1. Weltkrieges machten hier die starken Frauen vom Boxhagener Platz durch ihren „Butteraufstand" von sich reden.

Es herrschte Nahrungsmittelknappheit, und die Männer, hauptsächlich Bauern aus dem Dorf Boxhagen (damals noch nicht in Berlin eingemeindet), waren im Krieg.

Die Frauen mit ihren Kindern waren daheim geblieben und mussten hungern, weil die Preise für Brot und Butter innerhalb von kurzer Zeit um 60% gestiegen waren. Die Frauen rotteten sich zusammen, verprügelten die Markthändler, die aus dem Mangel Profit schlagen wollten und rissen einige Stände um. Dann zogen sie (die Frauen) gemeinsam in die Lindenstraße in Kreuzberg zum Vorstand der SPD, die den Kriegskrediten zugestimmt hatte. Mit Erfolg: die Preise für Brot und Butter wurden wieder gesenkt!

Siesta am Boxi

Seit den 90er Jahren beherbergt der „Boxi" auch einen der schönsten Flohmärkte der Stadt, einen veritablen Trödelmarkt mit allerlei Unterhaltung, jeden Sonntag ab 10 Uhr.

Wir folgen der Krossener Straße weiter, bis wir auf die winzige **Knorrpromenade** ❼ stoßen, die wir in null Komma nichts ganz hinunterschlendern. Georg Knorr war der Erfinder der Einkammerschnellbremse für Züge (nein, nicht der mit den Tütensuppen!). Ende des 19. Jahrhunderts entstand hier ein dicht besiedeltes Arbeiterviertel mit engen trostlosen Quartieren für die Arbeiter, die ihre Haut in Knorrs „Knochenbremse" zu Markte trugen. Die Knorrpromenade, die zwischen 1911 und 1913 errichtet wurde, sticht unter den einfachen Arbeiterbehausungen hervor: hier wohnten die höheren und leitenden Angestellten des Werkes, die Häuser sind schöner und größer, mit kleinen Gärten davor und dahinter, Loggien mit Ziegeldächern, hellen freundlichen Räumen mit hohen Decken etc. Heute ist es die einzige bürgerliche Wohnanlage in Friedrichshain, die noch erhalten ist. Deshalb steht sie unter Denkmalschutz.

Die Kinder der Knorrpromenade sollten nicht in Kontakt mit den „Friedrichshainer Schmuddelkindern“ kommen, deshalb war die Knorrpromenade an beiden Enden durch Schmucktore von den anderen Straßen abgetrennt. So promenierte der Nachwuchs der Oberschicht mit seinen Kindermädchen hinter den Gittern der Tore die Knorrpromenade hinauf und hinunter, hinauf und hinunter … Wie langweilig!

Die Schmucktore an der Wühlischstraße werden übrigens gerade restauriert.

Wir gehen nun rechts die Wühlischstraße hinunter, wo es viele Modegeschäfte gibt (darunter etliche Berliner Labels) und biegen dann links in die Gärtnerstraße ab. Von dort sehen wir die Modersohnbrücke, im Sommer beliebter Treffpunkt zum „Sonnenuntergang gucken“.

Wir lassen jedoch die Brücke links liegen und laufen die Revaler Straße hinunter zu Berlins beliebtestem Abenteuerspielplatz für Große, dem **RAW-Gelände** ❽.

Auf diesem ehemaligen Industrieareal siedelte sich 1867 die „Königliche Preußische Eisenbahnwerkstatt Berlin II“ an. Im 2. Weltkrieg wurde das Werk zu 80% zerstört, nach dem Krieg wurde es wieder aufgebaut und erhielt 1967 den Namen „Reichsbahnausbesserungswerk Franz Stenzer“. Franz Stenzer war ein kommunistischer Eisenbahner und Widerstandskämpfer, der 1933 vom NS-Regime in Dachau ermordet wurde.

Wie so viele Betriebe, Kombinate und Genossenschaften der DDR wurde auch dieses geschlossen und lag einige Jahre brach (1994 - 1999), bis ein Kulturverein, der RAW-Tempel e.V. mit verschiedenen Aktivitäten (Künstlerateliers, Kinderzirkus, Obdachlosentheater, Proberäume für Musikgruppen etc.) als

Graffitti im RAW-Gelände

Zwischennutzer dort einzog. Inzwischen gibt es hinter den Kulissen das Berlin-typische Gerangel um die Zukunft dieser Freifläche für kreative Entfaltung, zumal die Besitzverhältnisse jahrelang unklar waren. Seit April 2015 sind zwei Drittel des Geländes in der Hand eines Familienunternehmens, das zugesichert hat, man wolle „die DNA des Geländes" erhalten. Das Areal mit seinen Gebäuden strahlt einen ebenfalls Berlin-typischen maroden Charme aus und ist an manchen Ecken ziemlich heruntergerockt.

Dem Besucher erschließen sich aber ab dem späten Nachmittag viele Betätigungs- und Unterhaltungsmöglichkeiten. In einem Kegelbunker kann man die Wände hochgehen (Sportkletterer), es gibt eine Skaterhalle und am Wochenende von 9 bis 18 Uhr einen Flohmarkt.

Natürlich gibt es auf dem RAW-Gelände auch jede Menge Clubs und Kneipen, im Sommer auch Biergärten mit Grill und ein Freiluftkino. Die vorherrschende Musikrichtung in den Clubs ist elektronische Musik, schließlich führt diese Kultur- und Partyoase auch den Beinamen „Technostrich". Es ist aber eigentlich für jeden Geschmack etwas dabei, so dass sich ein Besuch lohnt.

Beim Verlassen des RAW-Geländes haben wir unser Ziel, den U- bzw. **S-Bahnhof Warschauer Straße** ⑩ schon fast erreicht: wir schlendern über die Warschauer Brücke, genießen das Panorama mit Fernsehturm, hören vielleicht einer Gruppe von Straßenmusikanten zu und reihen uns ein in die Scharen von partyfreudigen, internationalen, meist jungen Passanten, die die Brücke zu jeder Tages- und Nachtzeit bevölkern.

Bevor wir uns erschöpft auf die Sitze der U- oder S-Bahn fallenlassen, locken uns noch zwei touristische Leckerbissen direkt hinter der Warschauer Brücke, die es sich lohnt, auch noch „mitzunehmen", wenn man schon einmal dort ist.

Die Oberbaumbrücke ist ohne Zweifel die schönste Brücke Berlins: sie wurde in neo-gotischem Stil von 1894 - 1896 nach einem Entwurf von Otto Stahn gebaut. Der dekorative Arkadengang ist aus rotem Ziegelstein und trägt die U-Bahntrasse über die Spree. Das Ganze wird von malerischen neo-gotischen Türmchen mit Zinnen gekrönt. Hier in der Nähe sind zahlreiche Clubs und bis in die Mittagsstunden torkeln oft leicht orientierungslose Partygänger und -wiedergänger durch die Arkaden dieser prachtvollen Brücke.

Die **East Side Gallery** ⑨ ist ein ca. 1,3 km langer original erhaltener Abschnitt der Berliner Mauer entlang der Mühlenstraße mit den Graffiti von 118 Künstlern aus 21 Ländern. 2009 wurde die East Side Gallery anlässlich des 20. Jahrestages des Mauerfalls restauriert. Hier geht es mehr um Kunst; will man sich ein Bild von der Mauer machen, wie sie wirklich war, mit Wachtürmen, Todesstreifen und Selbstschussanlagen, besucht man das open air Mauermuseum in der Bernauer Straße. Am besten aber beides, angesichts der Tatsache, dass die Mauer überall sonst komplett abgerissen wurde und im heutigen Stadtbild größtenteils nicht einmal mehr erahnt werden kann.

Historischer Exkurs: der 17. Juni 1953

Auf der Baustelle der Stalinallee begann am 17.6.1953 der Aufstand der Arbeiter, der mit Hilfe von sowjetischen Panzern blutig niedergeschlagen wurde. Zur Erinnerung an diesen Tag wurde der 17. Juni zum Nationalfeiertag der BRD, bis dieser im Jahr 1990 vom 3. Oktober, dem Tag der Wiedervereini-

East Side Gallery

gung, abgelöst wurde. Eine der größten Straßen in (West-)Berlin, die Straße des 17. Juni, vom Erst-Reuter-Platz zum Brandenburger Tor, erinnert ebenfalls an dieses Ereignis, das in den Geschichtsbüchern meist als „Widerstand gegen das System" gewertet wird. Das ist historisch nicht völlig falsch, doch sollte man die Hintergründe etwas genauer betrachten.

Nach Ende des 2. Weltkrieges kristallisierten sich unter den Alliierten, die noch gemeinsam gegen Hitler gekämpft hatten, zwei konkurrierende Lager heraus. Die Sowjetunion mit ihren osteuropäischen Trabantenstaaten und der DDR standen mit ihrem sozialistischen System im Gegensatz zum freien/demokratischen/kapitalistischen System des Westens einschließlich der BRD (Westdeutschland). Die alte BRD bekam mit dem Marshallplan massive Aufbauhilfe und schon Anfang der 50er Jahre stellte sich heraus, dass dort eine starke wirtschaftliche Macht entstand. Das DDR-Regime musste Schritt halten und versuchte, mit Gewalt zu schnell und zu früh ihren ehrgeizigen Aufbauplan des Sozialismus umzusetzen. Die Bevölkerung war damit überfordert. Außerdem war die Versorgungslage mit Lebensmitteln und Konsumgütern im Osten schlechter. Als das Zentralkomitee der SED eine allgemeine Erhöhung der Arbeitsnormen bei gleichem Lohn (sprich: Lohnkürzungen) anordnete, gab es eine Meuterei bei den Bauarbeitern auf der Stalinallee: am 16.6.1953 um 11 Uhr wurden die Mischmaschinen abgestellt, die Arbeiter formierten sich und skandierten: „Wir sind Arbeiter und keine Sklaven!"

Der RIAS (Rundfunk im amerikanischen Sektor) berichtete darüber und verkündete um 22 Uhr, am nächsten Tag werde es einen Generalstreik geben.

Am 17. Juni versammelten sich die Arbeiter und viele andere Bürger, um vom Strausberger Platz zum Haus der Ministerien in der Leipziger Straße zu ziehen. Der Aufstand wurde maßgeblich von Truppen der Roten Armee, die überall um Berlin herum stationiert waren, niedergeschlagen und forderte nach neueren Untersuchungsergebnissen 55 Todesopfer.

DDR-Kinder lernten in der Schule nur wenig über den „Aufstand der Arbeiter". Da hieß es lapidar in den Geschichtsbüchern: „Am 17.6.1953 kam es zu einem von westlichen Provokateuren inszenierten und in den westlichen Medien ausgeschlachteten Streik, der dank der besonnenen und entschlossenen Unterstützung durch die hier stationierten Truppen der Sowjetarmee zügig beendet werden konnte."

Obwohl sich die Demonstrationen nicht nur in anderen Teilen Berlins ausbreiteten, sondern über eine halbe Million Menschen in der gesamten DDR daran teilnahmen, änderten sich die politischen Verhältnisse bis zum Herbst 1989 nicht.

Schlafen im Bezirk

- ***Sunflower Hostel***, Helsingforser Str. 17, nicht weit vom RAW-Gelände, WWW.SUNFLOWER-HOSTEL.DE
- ***U-Inn,*** Finowstr. 36, mit Küchenbenutzung, zentral gelegen, WWW.UINNBERLINHOSTEL.COM/DE,
- ***Eastern Comfort Hostel Boat,*** Mühlenstr. 73-77, Übernachten auf dem Hausboot zwischen den Szenebezirken Kreuzberg und Friedrichshain, WWW.EASTERN-COMFORT.COM

Museen

- ***Computerspiele Museum & Shop***, Karl-Marx-Allee 93a, WWW.COMPUTERSPIELEMUSEUM.DE

Cafés

- ***Café Tasso***, Frankfurter Allee 11, Café mit schönem, großen Antiquariat, auch Veranstaltungen und Lesungen, WWW.CAFE-TASSO.DE
- ***Louise Chérie Café***, Grünberger Str.91, Ecke Wismarplatz, schönes französisches Café, WWW.LOUISECHERIECAFE.DE
- ***Shakespeare and Sons***, Warschauer Str.74, Lesecafé und Buchhandel, internationale Bücher, Bagels, Kuchen und guter Kaffee, WWW.SHAKESBOOKS.DE
- ***Macondo Lesecafé***, Gärtnerstr. 14, einladender Ort zum Lesen und Entspannen, sehr gutes südamerikanisches Essen, original Mate-Tee, direkt am Boxi, WWW.MACONDO-BERLIN.DE
- ***Haferkater,*** Boxhagener Str. 76-78, süßes kleines Café, spezialisiert auf Porridge (schottische Variante des Haferbreis). Das perfekte Frühstück nach einer langen Nacht: lecker, preiswert, sättigend, vegan. Mit verschie-

denen Früchten, Nüssen und Toppings auch ein idealer Snack für zwischendurch. WWW.HAFERKATER.DE

- ***Eispiraten,*** Grünberger Str. 85, hausgemachtes leckeres Eis in vielen Sorten, geöffnet: März bis Oktober

Restaurants, Essen & Trinken

- ***Mutzenbacher,*** Libauer Str. 11, ausgezeichnete österreichische Küche, nette Stimmung: Mix aus Friedrichshainer Hipster-Chic und alpenländischer Gemütlichkeit, WWW.MUTZENBACHER-BERLIN.DE
- ***Fleischerei Domke***, Warschauer Straße 64, Berliner Hausmannskost, gut, deftig, preiswert
- ***Imbiss Sanabel***, Gabriel-Max-Str. 16, sehr guter arabischer Imbiss am Boxhagener Platz, großzügige Portionen, freundlicher Service, superleckeres Essen.
- ***St. Mauli***, Gryphiusstr. 10, hier gibt es Maultaschen in zwei Varianten: mit und ohne Fleisch, in Brühe oder in der Pfanne gebraten. Übersichtliche Auswahl, leckeres Essen. WWW.ST-MAULI.DE

Kneipen/ Bars

- ***Dachkammer (Café mit Cocktailbar „Rote Laterne")***, Simon-Dach-Str. 39, WWW.DACHKAMMER.COM
- ***Käptn (Kptn A. Müller)***, Simon-Dach-Str. 32, Kneipe, WWW.KPTN.DE
- ***Booze Bar***, Boxhagener Str. 105
- ***Birgit & Bier***, Schleusenufer 3, schöner Biergarten/Club hinter der Oberbaumbrücke

Souvenirs, Souvenirs ...

- ***Trödelmarkt Boxhagener Platz***, sonntags 10-18 Uhr
- ***Flohmarkt RAW-Tempel***, Revaler Str. 99, samstags/sonntags 9-19 Uhr
- ***Intershop 2000***, Danneckerstr. 8, Schaufenster des Ostens – alles aus der DDR, kleiner interessanter Laden mit vielen Originalgegenständen der DDR-Alltagskultur, WWW.INTERSHOP2000.COM

Clubs

- ***Berghain,*** Am Wriezener Bahnhof, international bekannt, hineinzukommen ist nicht ganz einfach, aber extrem viel Geduld und eine hohe Frustrationstoleranz erhöhen die Chance, WWW.BERGHAIN.DE
- ***Salon zur Wilden Renate***, Alt-Stralau 7, Szene-Club mit Programm, Türsteher-Problem s. Berghain, Webseite: WWW.RENATE.CC
- ***Viele Clubs auf dem RAW-Gelände,*** die vorherrschende Musikrichtung der Clubs auf dem RAW-Gelände ist Techno bzw. elektronische Tanzmusik. Aber daneben gibt es auch noch andere musikalische Schwerpunkte wie Indie, House, Black Music. Siehe auch: WWW.THECLUBMAP.COM

Kreuzberg

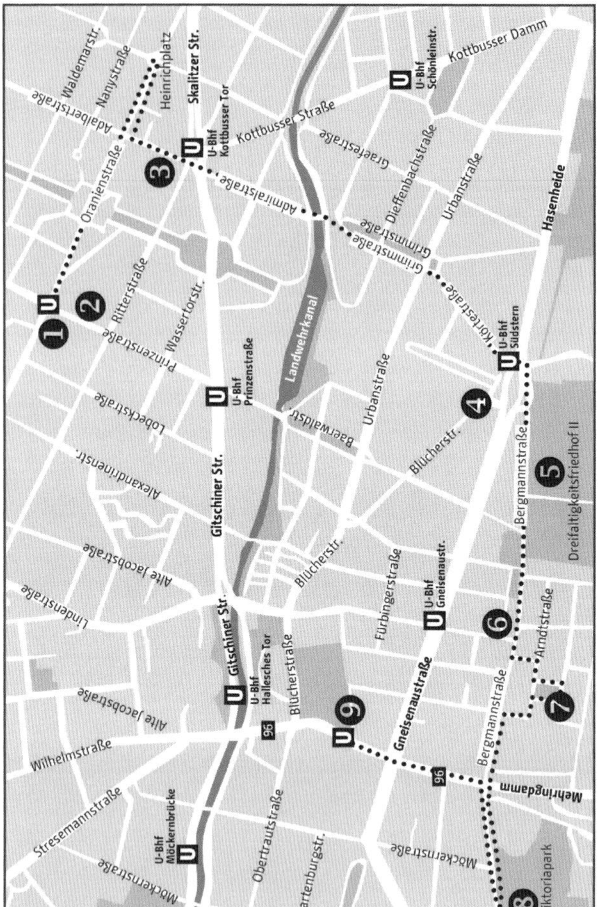

1 U Bhf Moritzplatz
2 Prinzessinnengarten
3 Kreuzberg-Museum
4 Kirche am Südstern
5 Historische Friedhöfe
6 Marheineke Markthalle
7 Chamissoplatz
8 Viktoriapark mit Kreuzbergdenkmal
9 U Bhf Mehringdamm

Bei Tag und Nacht

Unser Spaziergang durch diesen über Berlins Grenzen hinaus bekannten Stadtteil fängt ganz entspannt in einem Garten an und endet ebenso in einem hübschen Park, dem Viktoriapark mit Weinberg und Wasserfall.

Auch frühes Aufstehen bleibt uns erspart, denn unsere erste Station, die **Prinzessinnengärten ❷ (U-Bahn Moritzplatz ❶)**, ein international bekanntes Beispiel für das „Urban Guerilla Gardening", öffnen erst um 11 Uhr ihre Pforten.

Die Idee für diese Art des Gartenbaus stammt ursprünglich aus Kuba, wo der urbane Gartenbau auf kleinster Fläche und mit minimalen Mitteln der Bevölkerung helfen soll, Versorgungsengpässe zu überwinden und autark ihre eigene kleine, selbst angebaute Ernte einzubringen, selbst in Großstädten wie Havanna.

Für urbanes Gärtnern werden bevorzugt Brachflächen genutzt, wie hier das ca. 6000 Quadratmeter große Wertheimgrundstück am Moritzplatz (und seit kurzem auch das Dach der Neukölln Arcaden, s. Klunkerkranich, Reuterkiez). Nachdem das Gelände von Müll befreit worden war, wurden Hochbeete aus recycelten Bäckerkisten, Reissäcken und Tetra-Paks angelegt.

Das ermöglicht auch einen Anbau auf kontaminierten oder versiegelten Flächen und macht den Garten mobil, was in diesem Falle sehr sinnvoll ist, denn der Mietvertrag der Prinzessinnengärten wird jedes Jahr nur um ein weiteres verlängert; gegebenenfalls muss der Garten also in der Lage sein, innerhalb kurzer Zeit umzuziehen.

Dieser Garten inmitten eines Stadtteils mit dichter Besiedlung, viel Verkehr, wenig Grünflächen und vielen sozialen Problemen konnte nur entstehen, weil die Initiatoren, die mit ihrer Idee von einem Kuba-Aufenthalt zurückkamen, viel Hilfe und Unterstützung von freiwilligen Helfern, Spendern und Freunden erhielten.

Inzwischen gibt es auch den Verein „Nomadisch Grün", der u. a. dafür sorgt, dass alle erzielten Einnahmen durch den Verkauf des hier angebauten Gemüses und der im Gartencafé verkauften Gerichte aus eigenem Anbau bzw. regionalen und biologischen Produkten direkt wieder ins Projekt fließen. Der Eintritt ist übrigens frei, das hier angebaute Gemüse und die Kräuter kann man zur Saison selbst ernten und kaufen. Einer der Betreiber erklärte mir, alles sei Bio-Qualität aufgrund der Hochbeete, natürlicher Anbaumethoden, Erde und Saatgut mit Biozertifikat, Verzicht auf Düngemittel und Chemie.

Zarte Triebe auf Beton

Auch die Luft am Moritzplatz sei nicht wesentlich schlechter als in anderen Regionen, in denen ökologisch gewirtschaftet wird.

Mit der in Berlin so beliebten „Laubenpieperei" hat das urbane Guerillagärtnern wenig zu tun: keiner hat in den Prinzessinnengärten sein eigenes Beet, jeder ist willkommen, mitzumachen und alle tragen gemeinsam dazu bei, aus einer toten Industriebrache einen lebendigen blühenden Garten zu machen, der für die Menschen ein Ort der Entspannung, Kommunikation und gemeinsamen Lernens ist und Vögeln, Bienen und anderen Kleintieren einen Lebensraum gibt. Die Aktivitäten, die gerade auch für Kinder und Jugendliche aus der Großstadt interessant sind, reichen vom Säen, Pflanzen und Ernten über die Saatgutgewinnung, Verarbeiten und Konservierung von Obst und Gemüse, Bienenhaltung, Aufbau eines Wurmkomposters und Ausprobieren neuer Anbaumethoden.

An milden Herbsttagen sind die Gärten bis in den November hinein geöffnet, ist das Wetter schlecht, gehen sie schon Ende Oktober in den Winterschlaf bis zum nächsten Frühling.

Nun tauchen wir in das geschäftige Leben der Oranienstraße ein, eine der lebendigsten und schönsten in Kreuzberg. Die Straße weist einen hohen Bestand an Altbauten auf, an ihr ging die verfehlte Sanierungspolitik des „Neuen Kreuzberger Zentrums" der 70er Jahre glücklicherweise vorbei. Auf Schritt und Tritt finden wir hier Zeugen der Alternativ-, Punk- und Hausbesetzerszene und natürlich auch der Migrationsgeschichte seit den 60er Jahren. Kleine Restaurants, Werkstätten und traditionelle und individuelle Geschäfte geben hier eine gelungene urbane Mischung ab. Ein paar Meilensteine der Alternativkultur: das SO 36 (Nr. 190), berühmt für seine Rock- und Punkkonzerte, die „O 198" (Oranienstraße 198), eins der bekanntesten besetzten Häuser und die Kneipe „Rote Harfe" am Heinrichplatz, seit vielen Jahrzehnten Treffpunkt für die bunte Mischung mit linker Vergangenheit im Kiez. Am Heinrichplatz machen wir kehrt und bummeln die Straße auf der anderen Seite wieder hinunter bis zur Adalbertstraße.

Dort, kurz vor dem Kottbusser Tor, Adalbertstr. 95 a, befindet sich das **Kreuzberg-Museum** ❸, jetzt auch FHXB (Friedrichshain-Kreuzberg Museum). Sein Schwerpunkt liegt auf der Migrationsgeschichte, die sowohl in Kreuzberg als auch in Friedrichshain untrennbar mit der Stadtgeschichte verbunden ist. Der Vorhof bietet Tische und Bänke zum Ausruhen und Picknicken und zeigt rechts am Eingang ein eindrucksvolles Altberliner Portal, das auf eine Brandmauer montiert wurde. Der Eintritt in dieses kleine, angenehme Museum ist kostenfrei, man kann aber eine Spende da lassen.

In der ersten Etage gibt es eine Dauerausstellung zum Thema „Kreuzberg – urbane Erneuerung seit 1945". Den größten Raum nimmt ein Pappmachémodell des Bezirks und seiner Straßen ein mit Guckkästen-Fernrohren für den Blick hinter die Kulissen und Kopfhörern, über die man die verschiedensten Anekdoten und Zeitzeugenberichte hören kann. Es gibt Plakate, Flugblätter, Dias, Photos etc. zur Nachkriegszeit, Immigration der Gastarbeiter, Wohnungsspekulation und Vernichtung intakter Altbauten und der Errichtung des monströsen NZKs (Neuen Kreuzberger Zentrums). Auch der Widerstand dagegen durch die Hausbesetzerbewegung und die Alternativszene ist dokumentiert. Aber auch Drogenprobleme, die soziale Mischung des Bezirks und der Mauerfall und die danach beginnende Gentrifizierung werden thematisiert.

In der zweiten und dritten Etage gibt es Wechselausstellungen zur Bezirksgeschichte, die ebenfalls sehr zu empfehlen sind.

Nach dem Museumsbesuch überqueren wir den „Kotti" (Platz am Kottbusser Tor) und schauen uns dabei an, zu welch unglaublichen baulichen Hässlichkeiten die Bausenatoren in den 60er und frühen 70er Jahren fähig waren. Wenn wir an die Fotos im Kreuzberg-Museum mit den schönen Altbauhäusern denken, die für diesen architektonischen Mist weichen mussten, packt uns, je nachdem, Fassungslosigkeit, Wut oder das blanke Entsetzen und wir machen, dass wir hier wegkommen. (In den Abendstunden können wir uns immerhin diese trostlose Stätte in der Szenekneipe „Möbel Olfe“ bei ein paar Bieren schönsaufen.) Wir überqueren den Kotti an der Skalitzer Straße und biegen in die Admiralstraße ein.

Ecke Admiralstraße/Fraenkelufer, auf der rechten Seite, sehen wir ein Beispiel für den postmodernen sozialen Wohnungsbau der 80er Jahre. Hier hat man sich wieder etwas auf die Ideale der Bauhaus-Ära zurückbesonnen: die Balkons sind geschwungen und filigran, durch die großen Fenster dringen Licht und Luft in die Wohnungen, die über mehrere Etagen gehen. Auch die Innenhöfe sind hell und begrünt, manche auch mit Springbrunnen. Wir überqueren die Admiralbrücke oder ruhen uns bei gutem Wetter auf den Pollern, die zum Sitzen einladen, aus und erfreuen uns an dem schönen Ausblick auf den Landwehrkanal und den vielen Bäumen am Ufer. Ein Blick auf den Boden verrät: hier wird auch schon mal kräftig gefeiert, woher sonst sollten die vielen festgetretenen Kronkorken und Zigarettenstummel kommen? Auch wenn es längst kein Geheimtipp mehr ist und die Anwohner meckern, versprüht dieser Ort besonders an Wochenenden im Sommer eine Lebendigkeit und Lebensfreude, die für Kreuzberg typisch ist: Touristen und Berliner klimpern auf der Gitarre, machen zusammen Musik, trinken Bier, reden miteinander, flirten, gehen spazieren, essen Eis, führen ihren Hund aus usw.; das alles vor der Kulisse von großbürgerlichen Bauten, Kanal und viel Grün.

Zwei Tipps zum Einkehren. „Il Casolare“ (Grimmstr. 30), zu Recht eine der beliebtesten Pizzerien in Berlin, leckere Pizza, sehr lebendige Atmosphäre, die Wände voll mit Autogrammen von Berliner Punk- und Rockbands und auch die Kellner/innen sehen fast alle so aus, als würden sie in einer Band spielen oder singen.

Ein paar Häuser weiter: Eiscafé „Isabel“ mit sehr gutem Eis, schönen Sitzgelegenheiten draußen, kinderfreundlicher Umgebung und entspanntem Ausblick auf die ganze Szenerie am Kanal und auf der Brücke.

Unser Weg führt uns nun die Grimmstraße entlang, eigentlich eine Promenade, die in der Mitte begrünt ist, mit vielen Häusern aus der Gründerzeit. Auf der linken Seite: kleine Kneipen, Cafés und Läden. Haben wir uns für die rechte Seite entschieden, kommen wir an den denkmalgeschützten, restaurierten Anlagen des ehemaligen Urban-Krankenhauses vorbei, in denen jetzt private Wohnungen, eine Tagesklinik und ein buddhistisches Zentrum sind.

Wir überqueren nun die Urbanstraße und biegen in die Körtestraße ein, die ebenfalls zum Bummeln einlädt und eine interessante Mischung aus kleinen individuellen Läden, Kneipen, Cafés und Gewerbebetrieben bietet, ohne allzu touristisch zu sein. Persönlicher Favorit: „Broken English“, Körtestr. 10, Shop mit englischen Lebensmitteln und typisch englischen Kleinigkeiten.

Am Ende der Körtestraße erwartet uns eine U-Bahnstation mit dem poetischen Namen „Südstern“. Von hier gehen mehrere Straßen sternförmig ab und in der Mitte ist die neugotische **Kirche am Südstern** ❹ nicht zu übersehen. Sie wurde 1894 von Kaiser Wilhelm und Kaiserin Auguste Victoria eingeweiht und sollte hauptsächlich den Soldaten, die südlich der Stadttore stationiert waren, spirituelle und moralische Unterstützung geben. Heute ist sie Sitz einer evangelischen freikirchlichen Gemeinde.

Am Anfang der Lilienthalstraße, die vom Südstern abzweigt, befindet sich die katholische St. Johannes-Basilika und direkt daneben (Nr. 3a) die Apostolische Nuntiatur des Vatikanstaates. Hier übernachtet der Papst, wenn er nach Berlin kommt.

Wir entscheiden uns jedoch für die Bergmannstraße, die direkt daneben, ebenfalls am Südstern, ihren Anfang nimmt. Wer mag, macht einen Abstecher zu den vier nebeneinanderliegenden **historischen Friedhöfen** ❺ an der Bergmannstraße, die zwischen den 20er und 50er Jahren des 19. Jahrhunderts angelegt wurden und viele imposante Jugendstil-Gräber aufweisen.

Der erste auf unserer Route ist der 1831 angelegte Luisenstädtische Friedhof. Auf diesem größten historischen Gemeindefriedhof Berlins ist auch die letzte Ruhestätte von Gustav Stresemannn (Reichskanzler und Außenminister der Weimarer Republik und Friedensnobelpreisträger 1926). Außerdem bemerkenswert: der große Auferstehungsengel auf einem Rondell hinter dem Glockenturm und das prächtige Grabmal von Gustav Eltschig im Jugendstil, von Hähnen mit Pfauenfedern geschmückt, aus dem Jahr 1903.

Dank der Mauerdurchbrüche kann man ohne Probleme vom Luisenstädtischen zum Friedhof der Jerusalems- und Neuen Kirche wechseln und von dort zum Friedhof der Friedrich-Werderschen Gemeinde und dahinter zur ältesten Begräbnisstätte, dem 1825 angelegten Friedhof der Dreifaltigkeitsgemeinde.

An einem sonnigen Septembermorgen bin ich auf dem Kirchhof Luisenstadt unterwegs. Auf einer Mauer vor dem Häuschen des Friedhofsgärtners dampft eine Tasse Tee und ein stattlicher Kater rekelt sich davor am Wegrand. Er schnurrt, als ich ihn streichele, sein Fell ist ganz warm von der Herbstsonne. Vor uns tanzt ein Schwarm kleiner Mücken im Licht und letzte Frühnebel lösen sich langsam auf. Ich schlendere weiter bis zu einer Bank und sehe eine Weile zwei Schülerinnen mit Zeichenblöcken zu, die versuchen, einen Jugendstil-Engel mit dem Bleistift aufs Papier zu bannen. Nur ein paar Schritte - und doch so weit weg vom Trubel der Großstadt!

Das Gelände, auf dem sich die Friedhöfe befinden, war ursprünglich ein Weinberg, der Marie Bergemann, der Erbin einer reichen Großbauernfamilie (und Namensgeberin der Berg(e)mannstraße) gehörte. Sie verkaufte ihren Weinberg an verschiedene Gemeinden, die zum Teil recht weit entfernt von den Kirchhöfen waren. Schon unter Friedrich Wilhelm I. (1688 - 1740) hatte man begonnen, die Friedhöfe vor die damaligen Stadtmauern zu verlegen, teils aus mutmaßlichen hygienischen Gründen, teils aus Platzmangel. Die von Schinkel 1824 - 1830 erbaute Friedrich-Werdersche Kirche z.B. liegt gegenüber dem Außenministerium in Mitte.

Die Geschichte der Friedhöfe ist wechselvoll: 1945, kurz vor der Kapitulation, lieferten sich unweit von hier, am Halleschen Tor, Hitlers „Volkssturm" und die Rote Armee erbitterte Gefechte, so dass viele Gräber durch Granaten und Einschüsse beschädigt wurden, die heute noch zu sehen sind. Ein weiterer Einschnitt war der Bau der Berliner Mauer 1961: nun wurden einige Kirchhöfe von den ihnen zugehörigen Gemeinden abgeschnitten, wie im Falle des oben erwähnten Friedrich-Werderschen Friedhofs. In den folgenden Jahrzehnten ging man sehr sorglos mit dem Erhalt dieser sepulkralen Kulturgüter um; d.h. Teile der Mausoleen und Grabstätten, wie Bronzetüren, Dachfiguren, Bleiverglasungen, Marmorengel etc. wurden einfach verkauft. So landete z.B. der Dachreiter des Mausoleums der Seidenfabrikantenfamilie Heese auf einem bayerischen Dorfbrunnen und die Bronzetür einer anderen Grabkapelle als Tischplatte in einer Berliner Kleingartenkolonie.

Erst Mitte der 80er Jahre setzte ein Bewusstseinswandel ein und die Stiftung Historische Kirchhöfe und Friedhöfe in Berlin-Brandenburg kümmert sich seit 1989 um Erhalt und Restaurierung dieser Kulturgüter. Sie veranstaltet auch Führungen, die man unbedingt empfehlen kann (WWW.STIFTUNG-HISTORISCHE-FRIEDHOEFE.DE).

Ist man ohne sachkundige Führung unterwegs, gilt als Faustregel: die prunkvolleren und interessanteren Grabstätten findet man eher außen an den Friedhofswänden. Diese Gräber waren besonders teuer, denn durch sie wurde auch der Erhalt der Friedhofsmauern finanziert. Diese bestanden früher aus Holz und wurden in besonders kalten Wintern von frierenden Berlinern auch schon mal verheizt.

Inzwischen sind wir in der Bergmannstr. 42–44, an der Eingangspforte zum Friedrich-Werderschen Friedhof, angekommen und nehmen den Hauptweg geradeaus. Direkt am Eingang links in der ehemaligen Friedhofskapelle ist das Café Strauss. Wir gehen geradeaus, passieren das Grabmal der oben erwähnten Seidenfabrikanten Heese und sehen uns noch zwei besonders bemerkenswerte Grabstätten an. Die erste ist das Mausoleum der Familie Spinn aus rosarotem Porphyr auf der linken Seite des Weges. Die kleine Grabkapelle, die früher auch einmal bleiverglaste Fenster hatte, ist gestaltet wie eine Kirche en miniature. Die Beisetzung in einer Kirche war in der Regel Königen und besonders mächtigen und berühmten Leuten vorbehalten. Man glaubte, dass die Schutzheiligen oder Patrone der Kirchen sich am Tage des Jüngsten Gerichtes durch Fürbitte für die dort Bestatteten einsetzten, was deren Chance, ins Paradies zu kommen, beträchtlich erhöhte. Durch den Bau einer kleinen Grabkapelle wurde diese Situation simuliert. So ist denn auch ein kleiner Altar an der Stirnseite, der für Gottesdienste und Andachten der Hinterbliebenen und Freunde genutzt wurde; die Särge befanden sich in der Gruft darunter.

Wir bleiben auf dem Hauptweg und kommen weiter oben zum Erbbegräbnis der Familie von Oppenfeld. Dieses außergewöhnliche Jugendstil-Grabmal von 1920 ist ägyptisch inspiriert. Damals war die Zeit der großen archäologischen Entdeckungen im Tal der Pharaonen und Ägypten war en vogue. Außerdem tat man im alten Ägypten am meisten für die Verstorbenen, was der hoch entwickelte Totenkult zeigte. Die Familie von Oppenfeld hieß ursprünglich Oppenheim und war erst kurz zuvor vom Judentum zum Protestantismus konvertiert. Seit den Zeiten Friedrichs des Großen waren sie traditionell die Bankiers der preußischen Könige. Mit der Konvertierung ging der Erwerb des Adelstitels und von Rittergütern einher. Die herausragende gesellschaftliche Stellung der Familie sollte sich auch in dem prächtigen Erbbegräbnis widerspiegeln.

Auch der älteste Friedhof der Dreifaltigkeitsgemeinde lohnt einen Besuch: hier sind der Philosoph Friedrich Schleiermacher (1768 – 1834), der Historiker Theodor Mommsen (1817 – 1903) und der Dichter Ludwig Tieck (1773 – 1853) begraben.

Wir verlassen die Friedhöfe und wenden uns wieder dem prallen Kreuzberger Leben zu. Vor uns liegt der Marheinekeplatz mit Rosenbeeten, Spielplatz und Brunnen, der bei warmem Wetter zu einer Rast einlädt. Samstags und sonntags findet hier ein sehr schöner Flohmarkt statt (9-17 Uhr). Hinter dem Park ist die **Marheinekehalle** ❻, eine der vier noch erhaltenen historischen Markthallen Berlins. Sie wurde 1892 gebaut und diente von 1916 bis nach dem ersten Weltkrieg als Volksküche für 15.000 hungernde Berliner. 1945 wurde sie zerstört, aber schon kurz nach Kriegsende boten die Händler in den Ruinen wieder ihre Waren an. Ihre letzte Modernisierung erfuhr die Halle 2007, es wurde alles heller und luftiger, aber auch schicker und teurer. Gerade hier macht sich die Gentrifizierung bemerkbar: früher war dies eine Gegend der „kleinen Leute" und Migranten, jetzt ist sie gehobenes Wohnviertel mit entsprechenden Geschäften und Gaststätten und kräftig angestiegenen Mietpreisen.

Wir folgen der Bergmannstraße weiter, sie ist eine lebendige Einkaufs- und Ausgehmeile mit vielen Trödelläden und anderen kleinen Geschäften. Hier gibt es immer etwas zu stöbern oder man nimmt einfach in einem der zahlreichen Straßencafés Platz und beobachtet das Treiben.

Wer sich schöne Kreuzberger Fassaden aus der zweiten Hälfte des 19. Jahrhunderts ansehen will, sollte links von der Bergmannstraße in die Schenkendorf- oder Nostitzstraße abbiegen, die zur Arndtstraße und zum **Chamissoplatz** ❼ führen.

Durch seine einheitliche Bebauung ganz im Stil der Gründerzeit, die den Krieg völlig unbeschadet überstand, hat der ganze Komplex (Platz und angrenzende Straßen) Denkmalschutz und ist beliebte Kulisse für Filme, die im alten Berlin spielen. Benannt ist der Platz nach dem Dichter Adalbert von Chamisso, einem französischen Adligen, der vor der Französischen Revolution nach Berlin floh, den Generationswechsel beim Manteltier entdeckte und das schöne Märchen „Peter Schlehmils wundersame Geschichte" schrieb. Samstags findet hier ganztägig ein Wochenmarkt mit regionalen und Bioprodukten statt. Früher wurde der Chamisso-Kiez hauptsächlich von Künstlern und Studenten bewohnt. An diese Zeiten erinnert auch noch die nette Kneipe „Heidelberger Krug", die sich in den letzten Jahrzehnten kaum verändert hat (direkt am

Chamissoplatz, Arndtstr. 15). Es ist übrigens zu einem großen Teil den Hausbesetzern Ende der 70er/ Anfang der 80er Jahre zu verdanken, dass die alten Häuser behutsam saniert wurden und die Straßenzüge so erhalten blieben, wie sie waren.

Wir gehen wieder zurück zur Bergmannstraße, die wir ganz hinunterschlendern und die nach Überquerung des Mehringdamms als Kreuzbergstraße weitergeht. Wir nähern uns nun dem Endpunkt unseres Spaziergangs, dem **Viktoriapark** ❽. Diese Grünanlage erstreckt sich über den Kreuzberg, der dem Bezirk seinen Namen gab und mit immerhin 66 m über dem Meeresspiegel die höchste natürliche Erhebung der Stadt Berlin ist. Oben auf dem Berg steht das von Schinkel entworfene Nationaldenkmal in Form eines gotischen Turmes mit einem Kreuz (deshalb „Kreuzberg“) auf der Spitze. Das Denkmal wurde 1821 errichtet und soll an die Befreiungskriege Preußens gegen Napoleon (1813 - 1815) erinnern. Heute lockt das achteckige Plateau, auf dem das Monument steht, mit einem sehr urbanen und Berlin-typischen Rundblick über die Stadt, den man sich nicht entgehen lassen sollte. Der Aufstieg beginnt unten am Becken des künstlich angelegten Wasserfalls, wo seit 1896 die Bronzeskulptur „Der seltene Fang“ das Auge des Betrachters erfreut: ein Fischer, der aussieht wie ein Faun, bemüht sich, eine widerspenstige, kräftige Nixe in sein Netz zu bekommen. Der idyllische Weg nach oben, bei dem wir uns am Wasserfall orientieren, ist in 5 bis 10 Minuten bequem zu schaffen und wir werfen, nachdem wir die Aussicht genossen haben, einen Blick hinter das Denkmal, wo wir den Weinberg entdecken, auf dem der Kreuz-Neroberger angebaut wird. Von diesem Riesling heißt es, er sei „ … ganz ausgezeichnet, dunkle Fruchtaromen dominieren den Geschmack. Vor allem Himbeere und Brombeere, aber auch etwas Räucherspeck ist dabei. Er schmeckt frisch und ist sehr wild am Gaumen, typisch

Kreuzberg eben." (Tobias Heimbach, Der edle Tropfen von Kreuzberg. In: Berliner Zeitung vom 8.10.2009)

Da Berlin kein ausgewiesenes Weinbaugebiet ist, bekommt man diesen Wein nicht im normalen Weinhandel, sondern beim Bezirk Friedrichshain-Kreuzberg gegen eine Spende von mindestens 10 €. (Beim Bezirksamt anrufen, Tel.: 90298-0 oder 902984826, die Öffnungszeiten für die Weinabholung erfragen und dann den Wein in Friedrichshain, Frankfurter Allee 35-37 gegen besagte Spende von 10 € abholen.)

Schöne Idee zum Ausklang des Spaziergangs: man setzt sich zur Abenddämmerung mit einer Flasche Kreuzberger Wein auf die Aussichtsplattform und genießt das tolle Panorama, während in der Stadt die Lichter angehen.

Weinberg am Kreuzberg - Wird es ein guter Jahrgang?

Nicht umsonst ist Kreuzberg mittlerweile seit Jahrzehnten Sehnsuchtsort für Aussteiger, Querdenker, Alternative, Kreative, Studenten, Künstler, Wehrdienstverweigerer (früher) und viele andere (noch heute), schon lange bevor die schwäbische Landjugend den Prenzlberg für sich entdeckt hatte.

Eine Frau, die Anfang der 80er Jahre als junge Studentin nach Berlin kam, erinnert sich und beschreibt das damalige Lebensgefühl:

Im Wintersemester 82/83 bekam ich einen Studienplatz an der Freien Universität. Ich wohnte damals in einer Kleinstadt im Sauerland. Am Abend, als ich meiner im Wohnzimmer versammelten Familie eröffnete, dass ich nach Berlin ziehen würde, machte sich Bestürzung breit. Die Mienen wurden ernst und die Gesichter bleich. Schließlich brach meine Mutter das betretene Schweigen mit heiserer Stimme: „Kind, fahr' bloß nicht nach Kreuzberg, da kommste nicht mehr lebend 'raus!"

Ich zog also nach Berlin und teilte mir mit einer Freundin eine kleine Wohnung im dritten Hinterhof in – Kreuzberg! Die Toilette war eine halbe Treppe tiefer, Dusche oder Bad gab es natürlich nicht (wir gingen in die öffentliche Badeanstalt) und es gab nur Ofenheizung. Mein erster Winter in Berlin war sehr kalt; den ganzen Januar über hatten wir fast ständig unter -20° und schöne Eisblumen (von innen) an den Fenstern. Der Landwehrkanal war zugefroren.

Ich war damals sehr verliebt in einen jungen Punk namens Robbie und hatte eine erste Verabredung mit ihm im Eiszeit-Kino. Um mich für das Date schön zu machen, beschloss ich, mir in meine brünetten Stachelhaare einen Regenbogen zu färben. Meine Freundin wollte helfen. Das war damals nicht so einfach, denn bunte Haarfarbe gab es noch nicht in jedem Friseurladen und wir hatten auch nicht das Glück,

dass uns Freunde aus London mit Crazy Colours versorgt hätten. Also griffen wir zu „Platinum Blonde", um die Haare erst mal zu entfärben. Das Zeug stank und ätzte, mir brannten die Augen und ich bekam Atemnot. Während ich mit dem Gesicht über dem Ausguss hing, kippte mir meine Freundin einen Eimer kaltes Wasser über den Kopf. Ich hatte danach knallrote Augen wie ein Albino-Kaninchen, aber immerhin, die Haare waren bleich. Meine Freundin machte sich nun mit Backpinsel und Lebensmittelfarbe daran, mir einen Regenbogen auf den Kopf zu malen. Dafür, dass sie so etwas noch nie gemacht hatte, war das Ergebnis ganz passabel.
Am Abend machten wir uns dann durch Schneewehen, eisigen Wind und Glatteis auf den Weg ins „Eiszeit". Es war im dritten Hinterhof, die Vorderhäuser hatten sich seit dem Krieg nicht verändert und trugen noch ihre Narben von Bombensplittern und Granateinschlägen. In den Hinterhöfen waren Kies- und Sandberge und tiefe Schlaglöcher, über die wir auf vereisten Planken hinweg balancieren mussten. Das Ganze ohne Beleuchtung natürlich. Nach dem letzten Hinterhof tasteten wir uns durch das dunkle Treppenhaus zum Kino in der dritten Etage. Hier schaukelte eine Glühbirne an einem Draht an der Decke, so dass ich Robbie gleich erkennen konnte. Der Arme fror erbärmlich, denn er hatte nur ein dünnes T-Shirt unter seiner Lederjacke an. Sein Kumpel, der einen giftgrünen Irokesenhaarschnitt trug, zerhackte mit einer Axt Gemüsekisten aus Holz, um den Kanonenofen in der Ecke des Filmsaals zu befeuern. Die Sitze bestanden aus Riegen uralter Kinobestuhlung, die aus abgerissenen Lichtspielhäusern stammten, älteren Gartenstühlen und einem Plüschsofa. Wir setzten uns hinten an den Rand und rückten ganz nah zusammen, um uns zu wärmen. Auf

dem Programm ſtand ein jamaikanischer Kultfilm aus den 60ern (natürlich im O-Ton ohne Untertitel): „The Harder They Come“ mit Jimmy Cliff. Die alten Lautſprecher rauschten und kniſterten, als der Reggae losging. Um uns herum ſtiegen zum Film passende Dämpfe und entſpannte Rauchſpiralen in die Luft. Der Landwehrkanal war zugefroren, - aber drinnen war Sommer. (Multiplexe gab es noch nicht – wie schön!)

Das Eiszeit-Kino gibt es immer noch, so wie das Regenbogen-Kino, das ebenfalls zu Zeiten der Hausbesetzerbewegung entstanden ist. Beide sind sehr zu empfehlen und haben Filme in der Originalfassung, Kinderfilme und sehenswerte Filme jenseits des kommerziellen Kinos auf dem Programm: Eiszeit (Kino im Wrangelkiez), Zeughofstr. 20, Regenbogen Kino, Lausitzer Str. 22, aktuelle Programme: WWW.EISZEITKINO.DE und WWW.REGENBOGENKINO.DE).

Schlafen im Bezirk

- ***36 Rooms***, Spreewaldplatz 8, kultiges Hostel mitten in Kreuzberg, WWW.36ROOMS.COM
- ***A&O Hostel***, Köpenicker Str. 127–129, Mega-Hostel in günstiger Lage, internationales Publikum, viele junge Leute, tip-top organisiert, preisgünstig, WWW.AOHOSTELS.COM
- ***Regenbogen Hostel***, Lausitzer Str. 22. Seit 1981 ist die Regenbogenfabrik ein Meilenstein der Alternativbewegung. Zum Kultur- und Nachbarschaftszentrum gehören auch ein Kino, ein Café, eine Kantine, eine Fahrradwerkstatt und ein Kinderbereich. WWW.REGENBOGENFABRIK.DE

Sehenswertes

- ***Prinzessinnengärten,*** an der U-Bahnstation Moritzplatz, WWW.PRINZESSINNENGARTEN.NET
- ***FHXB (Friedrichshain-Kreuzberg) Museum***, Adalbertstraße 95A, WWW.FHXB-MUSEUM.DE

Souvenirs, Souvenirs ...

- ***Lindt Second Hand***, Körtestr. 16
- ***Broken English***, Körtestr. 10
- ***playing with eels***, Urbanstr. 32, Buchhandlung/Café/Galerie, WWW.PLAYINGWITHEELS.DE
- ***Dante Connection***, Oranienstraße 165 A, schöner Buchladen mit Literatur aus Italien und anderen Kulturen, WWW.DANTECONNECTION.DE
- ***VooStore,*** Oranienstr. 24, preisgekrönter Concept Store im Hinterhof mit Industriecharme. Junge Designermode u.a. aus Skandinavien, internationales Publikum, integriertes Café. WWW.VOOBERLIN.COM

- ***DIM 26***, Die Imaginäre Manufaktur, Oranienstr. 26. In den historischen Gebäuden der ehemaligen Städtischen Blindenanstalt arbeiten behinderte und nicht-behinderte Menschen in verschiedenen Gewerken des traditionellen Handwerks (Bürstenzieherei, Papeterie, Buchbinderei, Töpferei, Korbflechterei etc.). Die schönen handgefertigten Produkte gibt es mittlerweile auch schon in den Museumsshops der Metropolen London, Tokio und New York. Ideale Mitbringsel und Souvenirs „made in Berlin“! Ladengeschäft mit angenehmem Coffee-Shop mit Gebäck aus der hauseigenen Patisserie und Ausblick auf die belebte Oranienburger Straße. WWW.DIM-BERLIN.DE

Essen und Trinken, Restaurants, Imbisse

- ***Il Casolare***, Grimmstr. 30
- ***Zur Henne***, Alt-Berliner Wirtshaus (seit über 100 Jahren), Leuschnerdamm 25, die besten Grillhähnchen Berlins, das Rezept ist streng geheim. Geschichtsträchtiger Ort: die Mauer verlief direkt vor der Tür. Sehr beliebt, deshalb ist es ratsam, einen Tisch zu reservieren, WWW.HENNE-BERLIN.DE
- ***Curry 36***, Mehringdamm 36, bekannter Berliner Imbiss: Currywurst, Bouletten, Kartoffelsalat, Bockwurst, Pommes … eine Institution, täglich zwischen 9 und 5 Uhr morgens gut besucht
- ***Imbiss Misir Çarşisi***, Skalitzer Str. 134, direkt am „Kotti“, sehr leckere und preiswerte türkische Küche, besonders zu empfehlen: Mercimek (Linsensuppe) und Lahmacun (türkische Pizza)
- ***Marheineke-Markthalle (Markthalle 11)***, zahlreiche internationale Imbisse. Hier ist besonders zu empfehlen:

- ***Agora/Olgas Feinkost (Stand 16)*:** fantastisches griechisches Essen zu günstigen Preisen, Caféterrasse draußen

Cafés

- ***Eiscafé Isabel***, Böckhstr. 1
- ***Barcomis Café und Kaffeerösterei***, Bergmannstr. 21, ein Stück New York in Berlin: Cheesecake, Muffins, Bagels, Brownies …
- ***Café in den Sarotti-Höfen***, Mehringdamm 53-57, schönes kleines Café mit leckeren Schokoladenspezialitäten und Torten

Kreuzberger Nächte sind bekanntlich lang und die Anzahl an Kneipen, Clubs, Bars und Diskotheken ist sehr groß. Hier nur eine kleine Auswahl:

Kneipen

- ***Möbel Olfe***, Reichenberger Str. 177, Szenekneipe am Kotti
- ***Rote Harfe***, Oranienstr. 13, Traditionskneipe am Heinrichplatz, ideal für Kreuzberger Nächte und das Frühstück danach
- ***Zum Elefanten***, Oranienstr. 12, seit 1977 beliebte Kreuzberger Eckkneipe am Heinrichplatz, bekannt aus Film und TV („Herr Lehmann" und „Liebling Kreuzberg")
- ***Heidelberger Krug***, Arndtstraße 15
- ***Bierkombinat Kreuzberg BKK***, Manteuffelstr. 53, typisch Kreuzberger Kneipe mit sehr gutem selbstgebrautem Bier (Schoppe-Bräu), es gibt natürlich auch andere Biersorten

- ***Morena,*** Wiener Str. 60, Café und Bar, eins der schönsten Cafés in Kreuzberg, fantastisches Frühstück, WWW.MORENA-BERLIN.COM
- ***Madonna Bar***, Wiener Str. 22, beliebt seit den frühen 80ern, hier saßen schon Nina Hagen und Wim Wenders am Tresen, WWW.MADONNA-BAR.DE
- ***Golgatha,*** tanzbarer Biergarten am Kreuzberg, Im Viktoriapark, geöffnet von Anfang April bis Ende September ab 9 Uhr, eine schöne Adresse zum Frühstücken, auf der Sonnenterrasse sitzen, Cocktails trinken, bis in die Morgenstunden tanzen … WWW.GOLGATHA-BERLIN.DE

Nachtclubs, Bars, etc.

- ***SO 36***, Oranienstr.190, legendärer Punk- und New Wave Club, wurde schon 1861 als Lokal mit Biergarten eröffnet. Oft von der Schließung bedroht. Partys, Konzerte, WWW.SO36.DE
- ***Ritter Butzke***, Ritterstr. 24, Techno- und Livemusik-Club, WWW.RITTERBUTZKE.DE
- ***Prinz Charles***, Prinzenstr. 85f, Club in ehemaligem Privatschwimmbad im Hinterhof der alten Bechstein-Pianofabrik, verschiedene Musikrichtungen, auch Kulturveranstaltungen wie Lesungen, WWW.PRINCECHARLESBERLIN.COM
- ***Wild at heart***, Wiener Str. 20, Bands, DJs, Bar, live acts, Punk, Rockabilly, Rock 'n' Roll, WWW.WILDATHEARTBERLIN.DE
- ***Farbfernseher,*** Skalitzer Str. 114, kleiner Club in früherem Radio- und TV-Fachgeschäft, WWW.FARB-FERNSEHER.DE

Chamissoplatz

Tiergarten

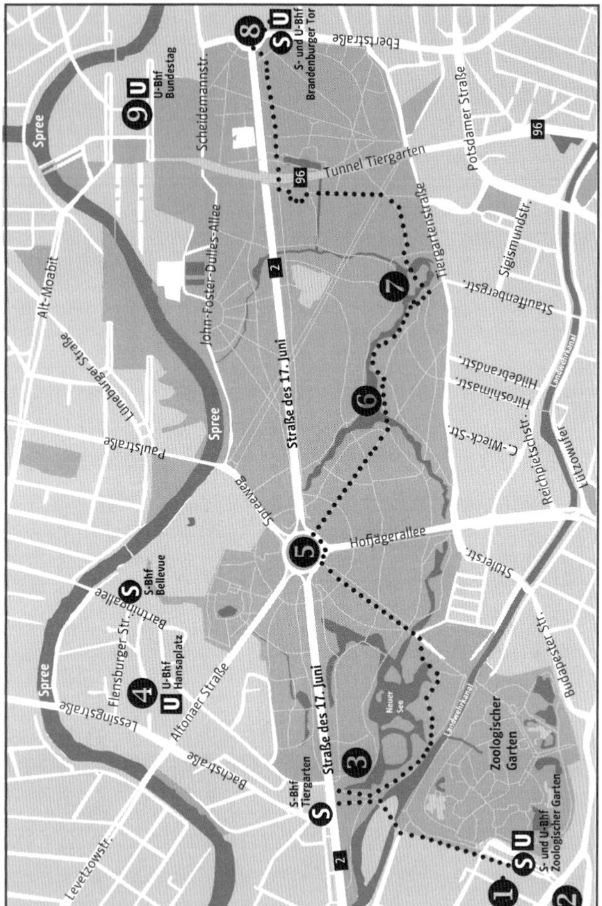

1 Museum f. Fotografie Helmut Newton Stiftg.
2 Galerie c/o im Amerikahaus
3 Gaslaternen-Freilicht-museum
4 Hansaviertel
5 Siegessäule
6 Rousseauinsel
7 Luiseninsel
8 Brandenburger Tor
9 Bundestag

Königliches Jagdrevier und Lustgarten mit fotografischen und touristischen Höhepunkten

Wir beginnen unseren Spaziergang am S- und U-Bahnhof Zoologischer Garten. Der „Bahnhof Zoo“ hatte jahrzehntelang einen miesen Ruf: drogensüchtige Prostituierte vor dem Bahnhof, minderjährige Stricher in der Jebensstraße dahinter, dazu eine schmucklose, heruntergekommene Halle, die den oft alkoholisierten Gestrandeten der Gesellschaft notdürftig Obdach bot. All das wurde in der Popkultur auf die Bühne gebracht („Linie 1“ vom Grips Theater), besungen (Nina Hagen „Auf‘m Bahnhof Zoo“) und in der Literatur beschrieben (Christiane F. „Wir Kinder vom Bahnhof Zoo“). In den 90er Jahren wurde der Bahnhof saniert und mit zahlreichen Geschäften und Schnellrestaurants ausgestattet. Ein paar Jahre später, nachdem der neue Hauptbahnhof in Betrieb genommen wurde, verlor der Bahnhof an Bedeutung, denn der gesamte Fernverkehr wurde auf andere Bahnhöfe verlegt, nur die Regionalbahnen blieben.

In Sicht- und Laufweite vom Bahnhof befinden sich auch einige der klassischen Berliner Sehenswürdigkeiten, die nicht unmittelbar Bestandteil unseres Spaziergangs sind, sich aber bei Interesse für einen „Seitensprung“ anbieten.

Der Kurfürstendamm oder einfach Ku‘damm ist für Berliner und Touristen immer noch ein beliebtes Ziel zum Bummeln und Einkaufen. Man sitzt auf Caféterrassen und lässt das Großstadtleben an sich vorbeiziehen, auch wenn die Zahl der traditionellen Cafés in den letzten Jahren stark abgenommen hat. Fast alle bekannten internationalen Modefirmen haben aber immer noch ihre Geschäfte hier, auch wenn die Friedrichstraße angeblich dabei ist, diesem schönen Boulevard den Rang abzulaufen. Besonders empfehlenswert ist ein Besuch am Ku'damm zur Weihnachtszeit, wenn alles festlich beleuchtet ist. Der Kurfürstendamm heißt übrigens so, weil er im 16. Jahrhundert für den Kurfürsten als Reit- oder Dammweg vom Berliner Stadtschloss zum Jagdschloss Grunewald angelegt wurde.

Der Ku'damm endet am Tauentzien, an der Kaiser-Wilhelm-Gedächtniskirche, auch bekannt als „Hohler Zahn“ (bezieht sich auf die im Krieg zerstörte Turmruine, die als Mahnmal an die Kriegsgräuel erinnern soll). Die alte Kirche im neoromantischen Stil wurde 1895 unter Kaiser Wilhelm eingeweiht. 1943 wurde sie bei alliierten Luftangriffen zerstört. Nach dem Krieg entschied man sich nach einer leidenschaftlich geführten Debatte, die 71 m hohe Turmruine auf Wunsch der Berliner Bevölkerung stehen zu lassen. Egon Eiermann entwarf die Neubauten, von den Berlinern „Lippenstift und Puderdose“ genannt. Sie sind wichtige Bauwerke der Nachkriegsmoderne und denkmalgeschützt.

Nur ein paar Schritte von der Gedächtniskirche entfernt ist das Europa-Center. Es war das erste Shoppingcenter nach amerikanischem Vorbild in Berlin und stammt aus den 60er Jahren (Baubeginn 1963, Fertigstellung 1965). Damals galt es als eines der wichtigsten Wahrzeichen West-Berlins mit seinem markanten Hochhausturm mit Mercedes-Stern, ein Symbol der wachsenden Wirtschaftskraft der BRD in den Nachkriegsjahren. Es steht immer noch unter Denkmalschutz und lohnt einen Besuch, nicht nur wegen der Geschäfte, auch wegen der „Uhr der fließenden Zeit“ und des an den Komplex angrenzenden Weltkugelbrunnens, „Wasserklops“ auf Berlinerisch. Auch die Geschichte des Geländes ist interessant: dort, wo heute das Europa-Center ist, war von 1916 bis zu einem Bombenangriff 1943 das berühmte „Romanische Café“, **der** Treffpunkt der literarischen und künstlerischen Bohème, vor allem in den 20er Jahren.

Schließlich streifen wir auf unserem Spaziergang noch den Zoologischen Garten. Der traditionsreiche Berliner Zoo ist der älteste und größte (35 ha) Zoo Deutschlands und der artenreichste der Welt (WWW.ZOO-BERLIN.DE). Der Zoo ging 1844 aus der Fasanerie des preußischen Königs hervor. Auch baulich hat dieser Zoo einiges zu bieten, z. B. das Löwen- und das Elefantentor, die Zebraanlage im maurischen Stil und viele Tierskulpturen. Unbedingt sehenswert und ein guter Tipp für schlechtes Wetter ist auch das Aquarium. Genauer gesagt, beherbergt es Aquarium, Terrarium und Insectarium. Allein dort kann man mühelos einen halben Tag verbringen. Aber ein Rundgang durch den Zoo ist ein Spaziergang für sich, dafür sollte man sich auch entsprechend viel Zeit nehmen.

Doch zurück zum Bahnhof Zoo, zum Anfang unseres Spaziergangs.

In unmittelbarer Nähe des Bahnhofs gibt es gleich zwei Standorte für Fotokunst auf höchstem Niveau: das **Museum für Fotografie der Helmut Newton Stiftung** ❶ und die **Galerie C/O** ❷ im Amerika Haus.

C/O Berlin wurde im Jahr 2004 auf Privatinitiative gegründet und füllte eine Lücke im Berliner Museumsbetrieb, bis dato gab es nämlich kein spezielles Museum für Fotokunst. 2013 wechselte die Galerie ihren Sitz vom Alten Postfuhramt in Mitte ins Amerika Haus, einem interessanten und geschichtsträchtigen Ort West-Berlins (s. Extra-Info am Ende des Spaziergangs). Nun werden dort wechselnde Fotoausstellungen auf hohem Niveau gezeigt, es gibt außerdem Führungen, Diskussionen mit Künstlern, Vorträge und Workshops. Im Foyer ist ein sehr schönes Café, das auch Frühstück und Lunch anbietet.

Nur wenige Schritte vom Amerika Haus, auf der anderen Seite der Hardenbergstraße, direkt hinter dem Bahnhof Zoo, in der Jebensstraße 2, ist das Museum für Fotografie. Das Gebäude, das ehemalige Landwehrkasino, beherbergt die Kunstbibliothek mit einer der weltweit größten Museumsbibliotheken zu Geschichte der Fotografie, Architektur, Mode, Buch- und Medienkunst und Grafikdesign. Seit 2004 betreibt die Museumsbibliothek zusammen mit der Helmut Newton Stiftung das Museum für Fotografie.

Helmut Newton wurde 1920 als Sohn einer jüdischen Knopffabrikantenfamilie in Berlin geboren. Er interessierte sich schon sehr früh für Fotografie. 1936 begann er eine Lehre bei der Fotografin Yva (Else Ernestine Neuländer-Simon), die ihr Atelier in Charlottenburg hatte und eine der gefragtesten Mode- und Aktfotografinnen ihrer Zeit war. Im Jahr 1938 bekam Yva, die ebenfalls jüdischer Herkunft war, Arbeitsverbot und musste ihr Atelier schließen. Sie wurde nach Sobibor deportiert, wo sie 1942 starb.

Newton, der damals noch Helmut Neustädter hieß, musste mit 18 Jahren vor den Nazis aus Berlin fliehen. Er hatte wenig mehr im Gepäck als zwei Kameras, als sein Zug den Bahnhof Zoo verließ. Das Landwehrkasino hinter dem Bahnhof, das viele Jahre später einmal „sein" Museum beherbergen sollte, war eines der letzten Gebäude von Berlin, das er bei seiner Abfahrt vom Zugfenster aus sah.

Newton floh zunächst nach Singapur. Dort arbeitete er als Fotograf für eine Zeitung, wurde aber schon nach zwei Wochen wegen „Unfähigkeit" entlassen. Er reiste weiter nach Australien, wo er sich während der Kriegsjahre mit verschiedenen Jobs über Wasser hielt. 1945 eröffnete er sein eigenes Fotostudio in Melbourne. Kurz darauf nahm er die australische Staatsbürgerschaft an, änderte seinen Namen von Neustädter in Newton und heiratete 1948 die australische Schauspielerin June Browne. Ab Mitte der 50er Jahre arbeitete er für viele renommierte internationale Modezeitschriften wie z.B. Vogue und wurde bald zu einem der weltweit bekanntesten Mode-, Werbe- und Aktfotografen. Auch seine Portraits von Künstlern, Schauspielern und anderen Prominenten erlangten Weltruhm. Seine Frau startete unter dem Namen Alice Springs eine eigene Karriere als Fotografin. Seit Beginn der 80er Jahre pendelten die Newtons zwischen Ateliers in Los Angeles und Monaco hin und her.

Newton gab der Modefotografie seiner Zeit eine völlig neue Richtung und leitete eine „Erotisierung der Mode“ ein. Elemente aus Bereichen wie SM und Fetischismus fanden Eingang in die Auftragsmodefotografie und dokumentierten so auch den gesellschaftlichen Wandel. Seine Ästhetik, die sowohl extrem dominante, als auch unterwürfige Frauen in Aktposen zeigt, wird bis heute kontrovers diskutiert.

Im Jahr 2000 vermachte Newton seine gesamte Bildsammlung der Stadt Berlin, eine großartige und bewegende Geste der Versöhnung. Im Januar 2004 starb Newton bei einem Verkehrsunfall in Los Angeles. Seine Witwe June Newton eröffnete im Sommer 2004 das Museum für Fotografie mit einer Ausstellung von Werken ihres Mannes. Die Helmut Newton Stiftung hat zum Ziel als „lebendige Institution“ zu wirken, die neben den Fotos der Newtons auch andere ständig wechselnde Fotoausstellungen präsentiert.

Im Erdgeschoss des Museums befindet sich Helmut Newton's private property, also Privateigentum wie Kameras, Agenda, Kleidung, Bücher, Auto, Kalender, Videos und natürlich

Exemplare der vielen von ihm aufgenommenen Titelfotos. Auch sein Atelier in Monaco ist mit Originalinterieur nachgestellt. Darüber hinaus gibt es hier ein Café und einen kleinen Buchladen, der auf Fotografie spezialisiert ist.

Die eigentlichen Ausstellungsräume sind in der ersten Etage und zeigen, wie schon erwähnt, wechselnde Ausstellungen, die sich thematisch an Newtons Publikationen orientieren.

In der zweiten Etage gibt es wechselnde Ausstellungen von internationalen Fotografien und die Bibliothek.

Ein bisschen frische Luft nach dem Museumsbesuch wird uns guttun, deshalb gehen wir nun zur Vorderseite des Bahnhofs Zoo (Eingang Hardenbergplatz) und halten uns links, bis wir zum Großen Tiergarten kommen (einen Kleinen Tiergarten gibt es auch noch, in Moabit).

1527 schenkte die Gemeinde Cölln an der Spree das große Gebiet mit starkem Wildbestand, das damals bis an den Gendarmenmarkt heranreichte, dem Kurfürsten Joachim als Jagdgebiet. Das Jagdrevier vor den Toren der Stadt war mit einem Plankenzaun umgeben, damit das Wild nicht weglaufen konnte. Friedrich I. ließ eine breite Schneise in den Tiergarten schlagen, um das Stadtschloss mit dem Schloss Charlottenburg zu verbinden (heutige Straße des 17. Juni). Sein Sohn, Friedrich der II. (der Große) ging nicht gerne auf die Jagd und gestaltete das Wildrevier zum Lustgarten um, der der ganzen Bevölkerung zugänglich gemacht wurde. Der Zaun verschwand und nach dem Vorbild des französischen Barock wurde der Garten umgestaltet mit streng geometrisch angeordneten Rabatten, Beeten, Spalieren, kunstvoll gestutzten Hecken, die oft kleine „salons“ einfassten, die mit Bänken und Brunnen zum Verweilen einluden. Es wurde auch eine Fasanerie eingerichtet, aus der später einmal der Zoo hervorgehen sollte. Außerdem wurden zahlreiche Alleen angelegt, die beim Großen Stern zusammenliefen. Dort wurden auch viele Statuen aufgestellt; aber keine Kriegsherren oder berühmte Persönlichkeiten, sondern in Anlehnung an die römische Mythologie Floren, Pomonen und Ceren (Flora - römische Göttin der Blüte und Jugend, Ceres – Göttin des Ackerbaus und der Fruchtbarkeit, Pomona - Göttin der Baumfrüchte). Auch Bacchus, der römische Gott des Weines und der Trunkenheit, durfte natürlich nicht fehlen. Die Berliner nannten sie „Puppen". Daher kommt auch der Ausdruck „bis in die Puppen" mit doppelter Lesart: entweder bezeichnet er den weiten Weg dorthin (der Park lag damals immerhin außerhalb der Stadtmauern) oder die fortgeschrittene Zeit nach nächtlichen Vergnügungen bis zur Morgendämmerung, wenn man die „Puppen" schon wieder sehen konnte. (Der Tiergarten war damals nicht beleuchtet.)

Später, im 19. Jahrhundert änderte sich der Geschmack im Garten- und Landschaftsbau, man setzte eher auf „Natürlichkeit". In diesem Rahmen schuf Lenné in den 30er Jahren des 19. Jahrhunderts einen englischen Landschaftspark mit Baumgruppen, Seen, Inseln, Wiesen und Lichtungen. In dieser Form bestand der Park bis in die Mitte des 20. Jahrhunderts. Im Zweiten Weltkrieg wurde er, mittlerweile zentral im Herzen der Stadt gelegen, völlig zerstört. Die wenigen Bäume, die noch dort standen, wurden in den strengen Nachkriegswintern verheizt und das Areal von der hungernden Bevölkerung zum Anbau von Kartoffeln und Gemüse benutzt. Bei der Wiederaufforstung im Rahmen eines Notstandsprogramms von 1949 - 1959 orientierte man sich an der Gestalt des Tierparks, so wie er bis 1945 bestanden hatte. Bis zum Fall der Mauer war der Tiergarten eines der wichtigsten Naherholungsgebiete für die Westberliner, die zur Erholung nicht ins Umland fahren konnten. Der Tiergarten mit seinen 210 ha hat nicht nur Blütenpracht, Naturschönheit und Tradition zu bieten, sondern wird auch noch von einigen Top-Sehenswürdigkeiten Berlins flankiert.

Der Eingang ist unspektakulär: links die Bahngleise der Fernbahn, rechts der Zaun zum Zoologischen Garten. Durch die Gitterstäbe können wir einen Blick auf den Streichelzoo werfen. Nach ein paar Metern lockt schon der erste Rastplatz: der Schleusenkrug am Landwehrkanal mit Biergarten und Fahrradverleih. Ein Rad zu leihen und damit den Tiergarten zu erkunden, das ist eine gute Idee für alle, die lieber Rad fahren als spazieren zu gehen. Schon stehen wir auf der Brücke der Unterschleuse und wenn wir Glück haben, können wir zusehen, wie ein Schiff durch den Kanal geschleust wird. Durch die Zweige der Trauerweiden sehen wir auch die vielen Hausboote auf dem Flutgraben des Landwehrkanals. Der Kanal, wie schon der Name sagt, diente früher als Bollwerk zur Verteidigung und befand sich noch außerhalb der Stadtmauern. Die Schleuse wurde 1850 eingeweiht, weil die Mühlendamm-Schleuse, die mitten in der Stadt lag, den Anforderungen der immer größer werdenden Metropole nicht mehr gewachsen war. Heute ist der Landwehrkanal beliebtes Freizeit- und Ausflugsziel für Bootstouren. Nach der Unterschleusenbrücke halten wir uns links und gehen bis zum S-Bahnhof Tiergarten an der Straße des 17. Juni.

Seit 1978 gibt es hier eins der außergewöhnlichsten und hübschesten Museen der Stadt, das **Gaslaternen-Freilichtmuseum ❸**, eine Laternenparade unter freiem Himmel (natürlich kostenlos!). Es gibt ca. 90 Laternen aus Berlin, anderen deutschen und auch europäischen Städten, wie Dublin, London, Zürich, Budapest und Brügge. Die Laternen zeigen auf kleinen Schildern ihr Entstehungsjahr und ihre Namen, die zum Teil sehr kurios sind: Großer Galgen, Zehlendorfer Witwe, Schwanenhals und Bullenbein … Auf der anderen Seite der Straße des 17. Juni, an der Klopstockstraße, geht es los mit den Laternen 1 bis 22.

Hier sind wir schon im **Hansaviertel** ❹, dem Vorzeigewohnprojekt der IBA (Internationale Bauausstellung) von 1957. Berühmte Architekten wie Max Taut, Walter Gropius und Oscar Niemeyer planten die Neubebauung des ehemaligen vornehmen Wohnviertels zwischen Tiergarten und Spreeufer, von dem nach dem Krieg nichts mehr übriggeblieben war. Der Berlin-Pavillon, der von historischen Gaslaternen umgeben ist, steht unter Denkmalschutz und ist so erhalten, wie er 1957 als Eingangshalle zur IBA errichtet worden war. Inzwischen ist hier ein Fast-Food-Restaurant, das hier zur Freude aller Fünfziger-Jahre-Fans seine Hamburger auch in entsprechendem Interieur verkauft.

Wir setzen unseren Tiergartenspaziergang jedoch auf der gegenüberliegenden Seite der Straße des 17. Juni fort und erfreuen uns an den schönen Gaslaternen, die zum Einbruch der Dunkelheit angehen und den Park sehr romantisch beleuchten. Auf einer Parkbank steht ein netter Spruch des anarchistischen Schriftstellers und Journalisten Erich Mühsam:

"Ich bin der Lampenputzer dieses guten Leuchtelichts. Bitte, bitte, tut ihm nichts! Wenn wir ihn' das Licht ausdrehen, kann kein Bürger nichts mehr sehen."

Leider halten sich nicht alle an diesen Appell, wie an einigen Leuchten festzustellen ist.

Wir nehmen nun den Weg zwischen Landwehrkanal und Neuem See.

Es geht immer geradeaus, bis der Weg sich an einer blau markierten Birke gabelt. Hier biegen wir links ab, und folgen so in weiten Teilen dem „Neuen See Rundgang" (s. Beschilderung „Neuer See"). Vom nahe gelegenen Zoo auf der anderen Kanalseite dringen exotische Tiergeräusche an unser Ohr. Zu unserer linken taucht unter dichtem Laub das größte Gewässer des Tiergartens auf: der Neue See mit vielen kleinen Inseln. Die Wassertiefe ist niedrig, so dass der See im Winter schnell zufriert und man die Bauminseln zu Fuß erkunden oder auf Schlittschuhen in großen Achten umrunden kann. Wenn wir uns immer nahe am Wasser halten, haben wir einen sehr idyllischen Ausblick auf den See mit den Inseln und den Booten vom nahe gelegenen Verleih, die ab und zu an uns vorübergleiten.

Bald taucht vor unseren Augen das „Café am Neuen See" auf, eines der schönsten Cafés in Berlin überhaupt. Man sitzt entweder drinnen im Pavillon oder draußen im großen Biergarten mit Blick auf den See und den Bootsverleih. Hier mischt sich einfach alles: Jung und Alt, Berliner und Touristen, Jogger und Spaziergänger, Hundehalter, junge Mütter, flirtwillige Singles, Grüppchen junger Frauen, Liebespaare oder einfach Leute, die in Ruhe ein Buch lesen oder ganz einfach ihre Muße genießen wollen.

Am Café verlassen wir den Park für ein paar Schritte, die wir die Lichtensteinallee (rechts: die spanische Botschaft) entlanggehen, bis zu einem hübschen doppelreihigen Parkweg, der sich Fasanerieallee nennt. Statuen mit Jagdmotiven aus der Wilhelminischen Zeit schmücken den Weg, der uns direkt an die **Siegessäule** ❺ führt.

Dann stehen wir endlich vor ihr: die „Goldelse", wie der Berliner sagt, zeigt sich in ihrem schönsten Glanz, denn sie wurde in den Jahren 2010/11 restauriert und mit einem Kilo Blattgold frisch überzogen. Man kann an dieser Stelle nur jedem Spaziergänger raten, die 60 m bzw. 285 Stufen Wendeltreppe hochzusteigen, denn man wird mit einem grandiosen Ausblick über die ganze Stadt belohnt.

Zunächst müssen wir jedoch ohne überfahren zu werden auf die verkehrsumtoste Mittelinsel gelangen. Das geht nur durch die unterirdischen Tunnel, die von den flachen, neoklassizistischen Marmortorhäuschen am Großen Stern direkt zum Nationaldenkmal führen. Im Sockel des Denkmals bekommt man in einer kleinen Dauerausstellung zu ebener Erde etwas Nachhilfe in Geschichte. Das ist gut für alle, die dachten, die Preußen hätten ihre Kriege meistens sowieso verloren. Man erfährt, dass sie 1864 über Dänemark, 1866 über Österreich und 1871 über Frankreich (Sedan) gesiegt haben. Das Denkmal wurde von Heinrich Strack zwischen 1864 und 1873 konzipiert und erbaut und nimmt auf alle drei Siege während der Bauzeit Bezug. 1873 wurde die Siegessäule eingeweiht und war so das erste Nationaldenkmal des 1871 neu gegründeten Deutschen Reiches. Damals stand sie jedoch auf dem Königsplatz, dem heutigen Platz der Republik, vor dem Reichstag. Die Nationalsozialisten ließen sie auf den Großen Stern versetzen, weil sie eine groß angelegte Monumentalstraße (Ost-West-Achse) mit ihr dekorieren wollten. Nach dem zweiten Weltkrieg war die Siegessäule weitgehend unversehrt und die Franzosen wollten sie sprengen, was die anderen Alliierten jedoch verhinderten.

Wir gehen wieder zurück in den Park, und zwar in den Abschnitt zwischen Hofjägerallee und Straße des 17. Juni. Wir nehmen die Große Sternallee genau in der Mitte. Eine Informationstafel zeigt uns auch zwei Joggingstrecken: eine kürzere über 5 km und eine längere über 8,2 km. Schon Bill Clinton ließ sich bei seinem Berlin-Besuch Ende der 90er Jahre nicht das Vergnügen nehmen, durch den Tiergarten zu joggen und brachte so seine Leibwächter zur Verzweiflung.

Die Spaziergänger lassen es langsamer gehen und schlendern gemütlich die Große Sternallee hinunter und biegen an der fünften Wegkreuzung links ab, um eine Brücke zu überqueren. Wir gehen am Ufer des kleinen Gewässers entlang und kommen so zum Baumspendengedenkstein. Er erinnert an die vielen Baumspenden von anderen Städten nach dem Krieg, die bei der Wiederbepflanzung des Tiergartens halfen. Direkt gegenüber vom Gedenkstein liegt im Wasser die kleine **Rousseau-Insel** ❻. Sie wurde um 1790 ganz im Stil der englischen Landschaftsgärten inmitten eines Entwässerungsgrabens, dem man die Form eines länglichen Sees verlieh, angelegt. Diese sumpfige Partie des Tiergartens gehört zu den reizvollsten überhaupt, eine kleine Wildnis, der man nicht anmerkt, dass sie von Menschenhand erschaffen wurde. Die vielen lauschigen Eckchen laden auch Liebespaare zum Verweilen ein. Schon 1929 schreibt Franz Hessel über den Tiergarten:

„Auf den vielen, vielen ins Halb- und Ganzdunkel verstreuten Bänken sitzen Liebespaare. Manche scheinen mir jedoch noch ein bißchen ungeschickt in der Liebkosung, sie könnten von einem Pariser Arbeiter, der sein Liebchen streichelt, lernen.“ (Hessel, Spazieren in Berlin, p.172)

Wenn man sich jedoch die Szenen ins Gedächtnis ruft, die sich hier zu Zeiten der „Love Parade“, die von 1995 bis 2006 durch den Tiergarten führte, im Gebüsch abspielten, kann man nur zuversichtlich feststellen: die deutsche Jugend hat in dieser Beziehung enorm aufgeholt. Von scheuer Zurückhaltung und plumper Unbeholfenheit kann keine Rede mehr sein; hier gab es eindeutig Fortschritte!

Wir lassen unsere philosophischen Betrachtungen beiseite und wenden uns wieder der Rousseau-Insel zu: Die Insel, die nach dem Vorbild des Ortes, an dem der Philosoph und Reformpädagoge Jean-Jacques Rousseau seine letzte Ruhestätte fand, erschaffen wurde, war früher beliebtes Eislaufrevier der Berliner Kinder, die dort „im Winter kunstvoll holländernd große Achten ins Eis schrieben" (Hessel, Spazieren in Berlin, p.176).

Etwa 430 m (bzw. drei Brücken weiter) flussabwärts von der Rousseau-Insel befindet sich gleich noch eine Insel: die **Luisen-Insel** ❼. Beim Betreten der Insel über eine Brücke mit zierlichem Metallgeländer fällt eine Inschrift auf, die den Spaziergänger mahnt, die Pforten an der Brücke wegen der Kaninchenplage geschlossen zu halten.

Luiseninsel

Die Insel ist sehr schön bepflanzt und zeigt eine Kopie der Marmorstatue der anmutigen Königin Louise von Preußen (1776 - 1810), die bei den Berlinern überaus beliebt war. Das Original wurde 1880 von Erdmann Encke aus Carrara-Marmor erschaffen und ist heute im Lapidarium am Landwehrkanal. Der Ehemann der Königin, Friedrich Wilhelm III., steht in gebührendem Abstand am Ufer, aber er hält durch das Geäst Blickkontakt mit ihr.
Wir überqueren die Insel in gerader Linie und verlassen sie wieder durch die gegenüberliegende Kaninchenpforte. Nun folgen wir dem Ahornsteig, bis rechts von uns die Philharmonie zwischen den Bäumen auftaucht. Wir aber nehmen genau die Gegenrichtung und folgen damit ein Stück dem Venus-Rundgang (Wegweiser: „Floraplatz"). Nach wenigen Minuten taucht der Floraplatz mit dem Standbild der Amazone von Louis Touaillon von 1904 auf. Die Menschen damals wunderten sich, dass sie es schaffte, völlig ohne Korsett in so tadelloser Haltung auf ihrem Pferd zu sitzen. Eine größere Kopie der Bronzestatue steht auf der Museumsinsel vor dem Neuen Museum.

In Blickrichtung der Amazone ist auch schon das Venusbassin in Sicht, auch als Goldfischteich bekannt. 2010 wurde es wiederhergestellt. Ursprünglich 1757 von Georg Wenzeslaus von Knobelsdorff angelegt, lag dieser Teich damals vor den Toren der Stadt und hieß Venusbassin, weil dort eine Venus aus Marmor auf ihren Cupido herablächelte. Man sagt, der Dichter E.T.A. Hoffmann (1776 – 1822) begrub dort seinen geliebten Kater Murr. Zu Hoffmanns Zeiten hieß dieser Teich noch Karpfenteich und der Park war an dieser Stelle sehr viel verwilderter und üppiger bewachsen als heute. Die Memoiren des klugen Katers sind der Nachwelt übrigens als „Lebensansichten des Katers Murr" erhalten.

Heute ist das Terrain hier eher übersichtlich und Verkehrslärm von der Straße des 17. Juni erinnert uns daran, dass wir uns mitten in der Großstadt befinden. Zu erwähnen ist noch das Dreimusikerdenkmal von Mozart, Beethoven und Haydn, das 1892 – 1904 von Rudolf Siemering aus griechischem und Tiroler Marmor geschaffen wurde und an der Stirnseite des Bassins steht. Daneben ist eine Schautafel, die wir uns unbedingt ansehen sollten: sie zeigt auf einem Photo, wie es hier 1945 ausgesehen hat. Unser Spaziergang ist nun fast zu Ende: wir lassen das Denkmal hinter uns, haben rechter Hand die Langgraswiese und links den Goldfischteich und biegen rechts am Rande des Parks in den Bremer Weg ein, der uns zum **Brandenburger Tor** ❽ führt, **dem** Wahrzeichen der Stadt Berlin schlechthin.

Der preußische König (und Lebemann) Friedrich Wilhelm II. (Spitzname: der dicke Lüderjahn), ein Neffe von Friedrich dem Großen, ließ das Tor von C.G. Langhans zwischen 1788 und 1791 errichten, weil er einen repräsentativen Abschluss für den Boulevard „Unter den Linden“ wünschte. Es hatte dort schon ein kleineres Vorgängertor gegeben, nämlich das Stadttor in Richtung der Stadt Brandenburg. Nicht zu Unrecht ist das Brandenburger Tor wohl das wichtigste Wahrzeichen der Stadt, immer wieder war es eng mit schicksalhaften Ereignissen der Stadt Berlin und ganz Deutschlands verknüpft. Gleichzeitig ist es sowohl ein Symbol für die deutsche Teilung, da die Mauer direkt am Tor vorbeiführte, als auch für die Wiedervereinigung. Die Bilder der Öffnung des Tores am 22.12.1989 gingen um die Welt.

Auch die von Johann Gottfried Schadow erschaffene Bronzefigur auf dem Tor, die Quadriga, ein Triumphwagen mit der Siegesgöttin als Lenkerin eines Vierergespanns, hat eine wechselvolle Geschichte. Als Napoleon die Preußen 1806 bei Jena und Auerstedt besiegt hatte, ließ er die Quadriga einpacken und nach Paris bringen. 1814 hatte sich das Blatt gewendet und der preußische Feldherr Blücher schickte die Quadriga, die praktischerweise noch in Kisten verpackt war, wieder nach Berlin. Daraus machte der Berliner die bekannte „Retourkutsche". Dieselbe kann jetzt auch guten Gewissens der ermattete Spaziergänger nehmen, nachdem er eine Weile das bunte Treiben am Brandenburger Tor verfolgt hat, und zwar in Form der U- oder S-Bahn von der Haltestelle „Brandenburger Tor".

Dieser Spaziergang ist besonders variabel, er ist für Spaziergänger, Jogger, Radfahrer und auch für „Lauffaule" geeignet. Diese können nämlich auch die Linie 100 nehmen, einen ganz normalen Bus der BVG, der alle paar Minuten am Bahnhof Zoo startet und in ca. 40 Minuten bis zum Alexanderplatz fährt. Man nimmt auf dem Oberdeck Platz und lässt die Sehenswürdigkeiten an sich vorüberziehen: Kaiser-Wilhelm Gedächtniskirche und Europa-Center (von hinten), das schöne Elefantentor vom Zoo, zahlreiche Botschaften, Großer Stern mit Siegessäule, Schloss Bellevue, Haus der Kulturen der Welt „Schwangere Auster", **Reichstag (Bundestag)** ❾, Brandenburger Tor, Unter den Linden, Humboldt-Uni, Staatsoper, Dom, Marienkirche, Fernsehturm … Keine Buslinie in Berlin kann mit so vielen Attraktionen aufwarten. Das hat sich herumgesprochen, deshalb ist der Bus oft voll!

Info: Das Amerika Haus

Das Amerika Haus, Sitz der Galerie C/O Berlin, kann auf eine bewegte Vergangenheit zurückblicken.

Es ging aus einer 1946 eröffneten Bibliothek der amerikanischen Besatzungstruppen in der Kleiststraße in Schöneberg hervor. Mit der Zeit entwickelte es sich zu einem Informations- und Begegnungszentrum mit Kinosaal und Bibliothek, das kulturelle Veranstaltungen bot und für alle zugänglich war. In den Nachkriegsjahren übte es eine große Anziehungskraft auf die Berliner Bevölkerung aus: dort lagen Tageszeitungen aus aller Welt aus, die es den Berlinern ermöglichten, nach den Jahren der Hitler-Diktatur und des Krieges endlich in den Genuss einer freien Presse und von Meinungsvielfalt zu kommen. Wie ein „weit geöffnetes Fenster in die Demokratie“ (Interview mit P. Kahlfeldt, c/o Magazin, Nr. 06, 10.2014/4. Jahrgang, p.14) erschien ihnen diese Institution, was sich auch in der Architektur des neuen Gebäudes, das 1957 in der Hardenbergstraße bezogen wurde, widerspiegeln sollte. Nach Plänen des Architekten Bruno Grimmek wurde es ganz im Stil der Midcentury Architecture, also hell, offen, transparent, mit einer riesigen Fensterfront, und gleichzeitig sachlich und funktional, erbaut. Erst in den letzten Jahren gewinnt dieser filigrane Baustil von kühler Eleganz wieder an Wertschätzung, was sich auch an der jüngsten umsichtigen Renovierung anlässlich des Umzugs der C/O Galerie in das Gebäude zeigt.

Mitte der 50er Jahre hatten auch schon die anderen Besatzungsmächte Kulturinstitute in der Stadt eingerichtet (Maison de France, British Council, Haus der Kultur der Sowjetunion in Ost-Berlin). Zu Zeiten des Kalten Krieges wurde in Ost-Berlin sehr genau beobachtet, was der Klassenfeind an kulturellen Zentren in West-Berlin installierte. So giftete das Neue Deutschland, DDR-Tageszeitung und Organ der SED, nachdem 1955 der Bau des Amerika Hauses in unmittelbarer Nachbarschaft zum Zoo bekannt geworden war: „Ein Amerika Haus, das war es, was in der Nähe des Affenhauses noch gefehlt hatte!“ (Neues Deutschland, 12.3.1955)

Politiker wie Robert Kennedy, Richard Nixon und Willy Brandt besuchten das Amerika Haus, ebenso Künstler wie Lyonel Feininger, Robert Rauschenberg oder der Architekt Frank Lloyd Wright. In den 60er und 70er Jahren wurde das Amerika Haus Schauplatz von antiamerikanischen Demonstrationen.

1966, bei der ersten Vietnam-Demo, warfen wütende Studenten mit Eiern, später folgten dann die Molotowcocktails der militanten Linken. Das Amerika Haus, dieser geschichtsträchtige Ort der West-Berliner, war auch immer ein Gradmesser der transatlantischen Beziehungen. Im Zuge der zunehmenden Terrorbedrohung seit den 90er Jahren schottete sich die Institution immer mehr durch bauliche Sicherungsmaßnahmen ab und glich zuletzt mehr einem Hochsicherheitstrakt als einer Begegnungsstätte. Es war zu beobachten, wie im Maße der Zunahme von terroristischer Bedrohung und Anfeindungen die architektonische Offenheit des Gebäudes immer mehr zurückgenommen wurde. Öffentliche Kulturveranstaltungen fanden hier schon lange nicht mehr statt. 2006 schließlich zog die Kulturabteilung ganz aus dem Amerika Haus aus und übergab das Gebäude der Stadt Berlin. Ab 2012 wurde es behutsam saniert und architektonische Finessen der 50er Jahre, wie die

Betonrippendecke, wurden wieder freigelegt. Eine besondere Herausforderung bei der Renovierung war die Wiederherstellung der architektonischen Transparenz unter Rücksichtnahme auf die besonderen Erfordernisse für die Ausstellung von Fotos, die möglichst wenig natürlichem Licht ausgesetzt werden dürfen.

Zusammen mit dem ebenfalls frisch renovierten Bikini Haus am Breitscheidplatz trägt das Amerika Haus nun dazu bei, der lange vernachlässigten City West neuen Glanz zu geben.

Brandenburger Tor - Wahrzeichen Berlins

Schlafen im Bezirk

- *aletto Ku'damm*, Hotel und Hostel, Hardenbergstr. 21, WWW.ALETTO.DE

Sehenswürdigkeiten, Museen, Veranstaltungsorte

- *C/O Berlin Foundation*, Amerika Haus, Hardenbergstr. 22-24, WWW.CO-BERLIN.ORG
- *Helmut Newton Foundation*, Museum für Fotografie, Jebensstr. 2, WWW.HELMUTNEWTON.COM
- *Siegessäule,* Straße des 17. Juni/ Großer Stern, WWW.SEHENSWUERDIGKEITEN-BERLIN.DE/SIEGESSÄULE
- *GRIPS-Theater,* Altonaer Str. 22, über Berlins Grenzen hinaus bekanntes Kinder- und Jugendtheater, zu empfehlen für alle Altersgruppen, bringt u.a. die berühmte, unbedingt sehenswerte musikalische Revue „Linie 1" auf die Bühne, WWW.GRIPS-THEATER.DE

Essen und trinken

- *Giraffe,* Klopstockstr. 2, Restaurantkneipe mit sehr gutem Frühstück, WWW.GIRAFFE-BERLIN.DE
- *Tiergarten-Quelle,* Bachstr./S-Bahnbogen 482, traditionelle Berliner Gaststätte seit 75 Jahren, im Sommer mit Biergarten gegenüber, WWW.TIERGARTENQUELLE.DE
- *Schleusenkrug,* Müller-Breslau-Str. 1, WWW.SCHLEUSENKRUG.DE

Cafés

- *Café am Neuen See*, Lichtensteinallee 2, WWW.CAFEAMNEUENSEE.DE
- *Café Hardenberg*, Hardenbergstr. 10, gutes und preiswertes Essen, schöner Klassiker unter Berlins Kaffeehäusern, beliebt bei den Studenten der nahe liegenden Unis

TU (Technische Universität) und UdK (Universität der Künste), WWW.CAFE-HARDENBERG.COM

- ***Skyline,*** Cafeteria der TU – eine der stilvollsten Einrichtungen des Berliner Studentenwerkes; zur Cafeteria im 20. Stockwerk haben auch Nicht-Studenten Zutritt und können bei leckeren Snacks zu kleinen Preisen den phantastischen Rundblick genießen. Ernst-Reuter-Platz 7 (TEL-Gebäude)

Nachtleben

- ***Monkey Bar***, Budapester Str. 40, im 10. Stock des 25hours Hotels, coole Bar mit Ausblick aufs Affengehege im Zoo und auf die City-West, WWW.25HOURS-HOTELS.COM

Souvenirs, Souvenirs ...

- ***Bikini Berlin***, Budapester Str. 38-50, außen filigrane 50er-Jahre-Architektur, innen ein exklusives und originelles Angebot z.B. „vegane Couture“ und angesagte internationale und Berliner Designer. Pflanzen, Holzbuden, die als „Pop-up stores“ ständig wechselnde Neuheiten präsentieren und Caféterrassen mit Blick auf den Zoologischen Garten sollen das Ganze zu einer Flanieroase machen.
- ***Europa-Center,*** Tauentzienstr. 9-12, die „Mutter“ aller Berliner Einkaufszentren und eines der Wahrzeichen West-Berlins seit 1965, mit Attraktionen wie den berühmten „Stachelschweinen“ (Kabarett) und der „Uhr der fließenden Zeit“

- ***Antik- und Trödelmarkt an der Straße des 17. Juni***, direkt am S-Bahnhof Tiergarten, jeden Samstag und Sonntag 10-17 Uhr. Einer der ältesten und traditionsreichsten Berliner Flohmärkte. Hier gibt es nicht nur Trödel, sondern auch Kunst, Kunsthandwerk und Antiquitäten.

Mitte

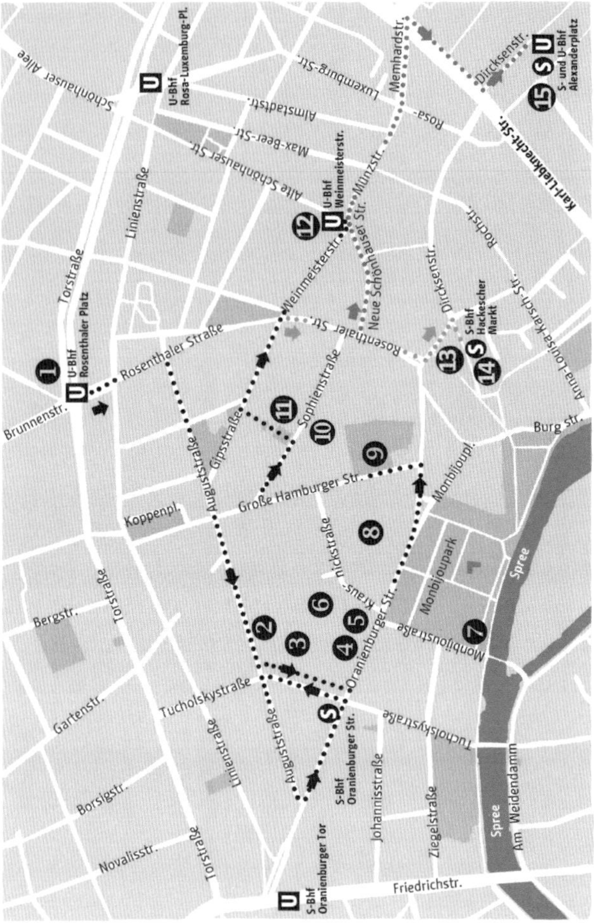

1 U-Bhf Rosenthaler Pl.
2 Jüdische Mädchenschule
3 Heckmanhöfe
4 Neue Synagoge
5 Kunsthof
6 Ramones Museum
7 Monbijoutheater / Märchenhütte und Strandbar
8 Krausnickpark
9 Alter Jüdischer Friedhof
10 Sophienkirche
11 Sophien-Gips-Höfe
12 U-Bhf Weinmeisterstr.
13 Hackesche Höfe
14 S-Bhf Hackescher Markt
15 S+U-Bhf Alexanderpl.

Scheunenviertel und Spandauer Vorstadt

Die „Mitte“ von Berlin darf bei unseren Spaziergängen nicht fehlen. Kein Bezirk hat sich, seitdem er aus seinem vierzigjährigen Dornröschenschlaf unter DDR-Herrschaft erwacht ist, rasanter geändert und keiner hat wildere Zeiten hinter sich und das Image von Berlin als „Hauptstadt der Subkulturen“ entscheidender geprägt.

Direkt nach dem Fall der Mauer konnte man in ein paar Schritten auf Zeitreise gehen: überall „im Osten“ gab es Ruinen, Leerstand, verfallene oder halb verfallene Häuser, die sich seit der Vorkriegszeit nicht verändert hatten und um die sich niemand kümmerte, denn die meisten waren ja Staatseigentum eines Staates gewesen, der nun nicht mehr existierte. Hier gab es plötzlich beispiellose Freiräume für Künstler und Aktivisten aller Art, die sich jetzt auch ohne viel Geld inmitten der Metropole voll entfalten konnten. Diese „Ruinenphilosophie“ und der morbide Charme der Stadt waren für viele junge Menschen aus aller Welt unwiderstehlich und diese trugen wiederum dazu bei, das Stadtleben bunter und lebendiger zu machen. Eine der Brutstätten der experimentierfreudigen Berliner Off-Kultur- und Partyszene war beispielsweise der „Eimer“ in der Rosenthaler Straße 68, der so genannt wurde, weil die Hausbesetzer den Schutt erst mal eimerweise aus dem Haus schleppen mussten, bevor sie sich dort einrichteten. Überall, nicht nur im „Eimer“, gab es Non-stop-Parties, Kunst-Performances, Off-Theaterstücke, experimentelle Musik, Bands, DJs, Happenings, improvisierte Underground-Bars usw. an ständig wechselnden Orten. Mittlerweile ist die Szene etablierter und die Freiräume sind erheblich kleiner geworden - ganz zu schweigen von mietfreien Räumen. Aber trotzdem ist der Bezirk in Bezug auf Kunst, Kultur, Unterhaltung und Nachtleben auch heute noch sehr lebendig und aufregend.

Es gibt schließlich außer der Subkultur auch noch andere Gründe, die „Mitte“ zu erkunden:

Hier ist Berlins Altstadt im historischen Sinne, wenn auch nicht mehr original erhalten, so doch an einigen Orten originalgetreu restauriert (Sophienstraße). Außerdem stoßen wir auf unserem Spaziergang auf Spuren der jüdischen Vergangenheit, die besonders im Scheunenviertel und in der Spandauer Vorstadt bereichernd und prägend für die Stadt war. Auf kleinem Raum und innerhalb von wenigen Schritten gibt es hier sehr viel zu sehen und zu erleben!

Steigen wir also aus und zwar an der **U-Bahnstation Rosenthaler Platz** ❶. Wir nehmen den Ausgang Brunnen- und Veteranenstraße, um noch ein wenig die Brunnenstraße hinunterzubummeln, wo es schöne Modeläden von Berliner Designern und einige Galerien gibt.

An der Kreuzung Rosenthaler Straße/Torstraße/Brunnenstraße ist unsere erste Anlaufstelle: das „Sankt Oberholz“, eines der ersten Cafés, das seine Gäste mit drahtlosem Internet und gratis Stromzugang versorgte und bis heute die wahrscheinlich größte Notebookdichte der Stadt aufweist. Als der Betreiber Ansgar Oberholz 2005 seinen Laden eröffnete, war sein Erfolg keineswegs absehbar. Die Ecke war damals noch nicht so hip und er erzählt in einem Spiegel-Online-Interview, das Café sei oft von „verrückten, schrulligen, verwirrten Menschen, aus dem Seniorenstift abgehauenen Rentnerinnen, masturbierenden Männern …“ aufgesucht worden. Auch die Crackraucher und Junkies auf den Toiletten seien ein Problem gewesen. Man habe fest damit gerechnet, „bald auch Außerirdische und Tiere“ bewirten zu dürfen“ (Cf. Spiegel online 11.12.2012). Ganz so schlimm kam es dann doch nicht; stattdessen finden sich dort immer mehr Touristen und internationale digitale Bohémiens ein. Das Problem des Drogenkonsums auf dem Klo bekam man durch das Abspielen von Kinderhörspielen über Lautsprecher vor Ort in den Griff. Ein Besuch dort lohnt sich in jedem Fall: die Baristi sind freundlich, Kaffee und Snacks sind lecker, die Preise o.k. und man hat besonders von der oberen Etage einen guten Ausblick auf die belebte Rosenthaler Straße. Mehr „Mitte“ geht nicht!

Nach der Kaffeepause bummeln wir die Rosenthaler Straße entlang mit ihren vielen kleinen Cafés, Bars, Clubs, Hostels, Galerien und Modeläden.

Östlich der Rosenthaler Straße liegt das sogenannte Scheunenviertel. Der Name rührt aus der Zeit, als das Viertel noch außerhalb der Berliner Stadtmauern lag und die Scheunen für die Tiere beherbergte, die auf dem Viehmarkt, dem heutigen Alexanderplatz, verkauft werden sollten. Friedrich Wilhelm, der Große Kurfürst, ordnete 1672 an, die brandgefährdeten Scheunen mit ihrem Heu und Stroh außerhalb der Stadtmauern zu bauen. Später, im Zuge der Erweiterung der Stadt, verschwanden die Scheunen und machten Wohnhäusern Platz, der Name aber blieb. Im folgenden Jahrhundert erfuhr Berlin einige Einwanderungswellen (s. auch Kapitel „Neukölln“). Aus Osteuropa kamen viele jüdische Einwanderer. Sie durften nur durch die beiden nördlichen Stadttore (Rosenthaler und Prenzlauer Tor) in die Stadt hinein, und viele von ihnen, die in Berlin bleiben wollten, siedelten sich auch gleich hier an, was 1737 auf Befehl des preußischen Königs Friedrich Wilhelm I. für alle Berliner Juden, die kein eigenes Haus besaßen, sogar obligatorisch wurde.

Wieder ein Jahrhundert später, in den Gründerjahren mit ihrem industriellen Boom (ab ca. 1860), begann das Viertel aus allen Nähten zu platzen und beherbergte vor allem Arbeiter, die sich die Betten oft in Schichten teilten und die knappe Freizeit in den verrufenen Kneipen in der „Mulackritze“ oder „Mulackei“ in und um die Mulackstraße (heute bevorzugter Standort für Galerien) verbrachten. Zu Beginn des 20. Jahrhunderts war das Scheunenviertel zum Synonym für Armut, Prostitution und Kriminalität geworden. Dagegen wurde der westliche Teil der Spandauer Vorstadt (so genannt nach seiner breiten Ausfallstraße Richtung Spandau), in den wir nun via Auguststraße einbiegen, zum kulturellen Mittelpunkt des bürgerlichen jüdischen Lebens mit der Neuen Synagoge. Um die dort lebenden Juden zu diffamieren, dehnten die Nazis den berüchtigten Namen „Scheunenviertel“ fälschlicherweise auf die gesamte Spandauer Vorstadt aus.

In der Auguststraße trifft der Spaziergänger auf Kunst, Esskultur, Spuren der jüdischen Geschichte Berlins und traditionsreiche „Höfe“. Auch das Nachtleben kommt nicht zu kurz: In der Auguststraße 24 ist einer der schönsten, traditionsreichsten und Berlin-typischsten Orte, um abends tanzen zu gehen, „Clärchens Ballhaus“, benannt nach Clara Bühler, der ersten Betreiberin des 1913 eröffneten Ballhauses. Das Vorderhaus wurde im Krieg zwar weggebombt, der Betrieb aber ging weiter mit Restaurant, Ballsaal, Spiegelsaal und im Sommer mit Biergarten. Man kann hier Swing, Tango und Walzer tanzen.

Im Ballhaus wurden auch schon Hollywoodfilme gedreht, wie einige Szenen aus Quentin Tarantinos „Inglorious Basterds“ und aus „Stauffenberg“.

In der Auguststr. 14-16 wartet ein vor mehr als 150 Jahren im Berliner Klassizismus erbauter Gebäudekomplex auf seine Restaurierung und neue Nutzung. Von Carl Eduard Knoblauch konzipiert, wurde in den Jahren 1858 - 61 auf diesem

Gelände, das der jüdischen Gemeinde der Spandauer Vorstadt gehörte, das modernste Krankenhaus Preußens erbaut. Später waren dort auch andere jüdische soziale Einrichtungen untergebracht, wie Kochschule, Kindergarten, Kindervolksküche, Tagesheim für Säuglinge, Kleiderkammer und Mädchenwohnheim. 1922 eröffnete die Erzieherin Beate Berger dort das Kinderheim „Ahawah" (hebr. Liebe), das sich durch eine vorbildliche Erziehung nach reformpädagogischen Prinzipien auszeichnete. Schon früh erkannte Berger, die das Heim auch leitete, dass die Machtergreifung der Nationalsozialisten eine Bedrohung für ihre Schützlinge war und so rettete sie in den Jahren 1934/35 etwa hundert Heimkinder, indem sie sie nach Haifa brachte, wo sie ein neues Heim errichtet hatte. Das Geld dazu stammte aus dem Erlös von Gemälden der jüdischen Maler Max Liebermann und Hermann Struck. Die Kinder, die nicht rechtzeitig nach Israel gebracht werden konnten, wurden von den Nazis umgebracht. Diese missbrauchten das Heim zunächst als Deportationssammellager, danach zog die Hitlerjugend (HJ) dort ein. Zu DDR-Zeiten und darüber hinaus, bis Mitte der 90er Jahre, wurde das Gebäude als Internat der Sehschwachenschule genutzt.

Nun steht das Haus schon mehr als zwanzig Jahre leer. Es gibt verschiedene Ideen für eine künftige Nutzung, aber erst einmal ist es vorrangige Aufgabe, die denkmalgeschützte Gebäudesubstanz zu sichern.

Ein Beispiel dafür, wie man die alten Mauern mit neuem Leben erfüllen kann, ist das Nachbarhaus, die ehemalige **jüdische Mädchenschule** ❷, Auguststr. 11-13, erbaut 1927/28 im eleganten, lichtdurchfluteten Stil der Neuen Sachlichkeit von Alexander Beer. Ab 1930 wurden hier ca. dreihundert jüdische Mädchen unterrichtet, neben den traditionellen Fächern auch in Hebräisch. Kurz nach der Machtergreifung der Nationalsozialisten, im April 1933, trat das „Gesetz gegen die Überfüllung deutscher Schulen und Hochschulen“ in Kraft. Da viele jüdische Kinder bis dahin an den staatlichen Schulen unterrichtet worden waren, die ihnen nun nicht mehr offen standen, stiegen die Schülerzahlen an den jüdischen Schulen zunächst an. Ab 1942 wurde diese Schule, wie auch alle anderen jüdischen Bildungseinrichtungen, geschlossen. Die Schülerinnen und Lehrer/innen wurden fast alle deportiert und in Vernichtungslagern ermordet.

Bis zum Ende des Krieges diente die Mädchenschule dann als Militärkrankenhaus. Ab 1950 beherbergte das Gebäude die Bertold-Brecht-Oberschule, die 1996 wegen Schülermangel geschlossen wurde.

2012 wurde die Mädchenschule behutsam saniert, so dass der ursprüngliche Charakter erhalten blieb. Das Treppenhaus wurde z.B. originalgetreu restauriert; es ist jetzt so wie damals, 1928.

Nun gehen hier Esskultur und Kunst eine gelungene Symbiose ein, wobei die Geschichte und Tradition des Gebäudes allgegenwärtig sind und das Andenken daran gewahrt bleibt.

In der ehemaligen Turnhalle im Erdgeschoss ist der Pauly Saal, ein Restaurant im Stil der 20er Jahre mit gehobener Küche, betrieben vom Team des Promi-Restaurants Grill Royal. Daneben ist ein „Deli“: Mogg & Melzer. Hier kann man leckere Snacks aus der jüdischen Küche probieren, wie Pastrami-Sandwiches, Bagels etc.

In der ersten Etage präsentiert die Camera Work Contemporary Gallery (CWC), eine der weltweit renommiertesten Galerien für Fotokunst, die 1997 in Berlin gegründet wurde, ständig wechselnde Ausstellungen.

In der zweiten Etage befindet sich das kleine, feine „Museum the Kennedys“, gewidmet, wie der Name schon sagt, der glamourösesten aller amerikanischen Präsidentenfamilien und ihrer besonderen Beziehung zur Stadt Berlin.

Das Kennedy-Museum stellt eine beeindruckend große Anzahl von Fotos und Erinnerungsstücken der Familie Kennedy und insbesondere ihres berühmtesten Sohnes, John Fitzgerald, aus. Es gibt sehr schöne Privatfotos, wie z.B. das Hochzeitsfoto von John und Jackie und Schnappschüsse von der first family am Strand. Modeinteressierte haben ihre Freude an der Eleganz der Epoche angesichts Jackies Stils und man bekommt einen lebhaften Eindruck der nur drei Jahre (1960 - 1963) währenden Amtszeit des Präsidenten.

Ein ganzer Raum ist dem legendären Berlin-Besuch von John F. Kennedy am 26.6.1963 gewidmet, als die Stadt noch unter dem Schock der zwei Jahre zuvor gebauten Mauer stand. Man kann sich auf große Sitzkissen setzen und den Besuch auf einer Projektionswand mitverfolgen, einschließlich der Rede Willy Brandts, des damaligen Regierenden, und Kennedys berühmter Worte „Ich bin ein Berliner“ (übrigens ist auch der Original-Spickzettel mit Aussprachehilfe („ish bin ein Bearleener“) zu sehen. Kennedy ist aber nicht nur bei seiner historischen Rede vom Rathaus Schöneberg zu sehen, sondern auch direkt an der Mauer am Brandenburger Tor. Deshalb ist dieses Museum auch unter Berlin-historischen Aspekten sehr zu empfehlen, denn man bekommt einen lebhaften Eindruck von der geteilten Stadt auf dem Höhepunkt des Kalten Krieges.

In der dritten Etage ist die Galerie von Michael Fuchs, der auch maßgeblich an der Restaurierung des Gebäudes beteiligt war. Die ehemalige Aula der Mädchenschule dient nun als Hauptausstellungsraum.

Wir verlassen die Mädchenschule und biegen in der Auguststr. 9 in die **Heckmannhöfe** ❸ ein. Dort, wo früher die Maschinenfabrik von Reinhold Heckmann war, sind jetzt liebevoll restaurierte ineinander geschachtelte Innenhöfe mit allerlei kleinen Läden und Cafés. Der große Innenhof in der Mitte ist parkartig begrünt, mit Brunnen und Bänken, die bei schönem Wetter zum Ausruhen im Freien (ohne Verkehrslärm) einladen. In der Durchgangspassage zur Oranienburger Straße befindet sich auch noch eine Bonbonmacherei mit Schauküche.

Wir stehen nun in der Oranienburger Straße und gehen ein paar Schritte nach rechts, wo uns an der Ecke zur Tucholskystraße ein prachtvolles Gebäude aus gelbem Backstein mit Kuppel ins Auge sticht: das alte Kaiserliche Postfuhramt. Es wurde 1881 auf dem Gelände der Wohnhäuser der Postillone gebaut und beherbergte auch Pferdeställe und Fuhrwerke. Als die Zeit der Postkutschen vorbei war, diente das Postfuhramt der Verwaltung und später war es Ausstellungsort für Design, Architektur und vor allem für Fotografie. In Zukunft soll es aber der Öffentlichkeit nicht mehr zugänglich sein und hochpreisigen Büroräumen und Firmenrepräsentanzen dienen.

Wir gehen nun in die Tucholskysstraße, die vor dem Krieg noch Artilleriestraße hieß und mit der Synagoge Adass Jisroel und dem angegliederten Rabbinerseminar ein Zentrum des aufgeklärten orthodoxen Judentums war. Das einst pulsierende jüdische Leben in diesem Teil von Berlin mit seinen vielen koscheren Speisestuben, Geschäften, dem lebhaften Straßenhandel, den Talmudschulen und Bethäusern ist durch die Verbrechen der Nationalsozialisten unwiederbringlich zerstört. Wer sich ein Bild davon machen möchte, wie es vor dem Krieg war, dem bleibt nur die Literatur: die wunderbaren Kurzgeschichten Isaak Bashevik Singers schildern das Leben im Schtetl in all seiner melancholischen Schönheit, der oft bitteren Armut, dem spirituellen Reichtum, dem Humor und der Lebensweisheit dieser einzigartigen Kultur sehr anschaulich.

Links biegen wir wieder in die Auguststraße ein, die wir bis an ihren Anfang hinunterbummeln. Dort wo sie in die Oranienburger Straße mündet, befindet sich auf der gegenüberliegenden Straßenseite eine der berühmtesten Ruinen Berlins, das Kunsthaus „Tacheles". Leider können wir dieses alternative Kunst- und Veranstaltungsgelände nicht mehr betreten, denn es wurde 2012 zwangsgeräumt. Zwischen 1990 und 2012 war es ein Meilenstein der Subkultur, eine Mischung aus Kunst und Chaos und gleichzeitig eine der beliebtesten Touristenattraktionen der Stadt. Den Namen „Tacheles" (= jiddisch für „Klartext reden") bekam es übrigens 1990 von einer Künstlerinitiative, die das ehemalige, halb verfallene Kaufhaus (Baujahr 1908) kurzerhand besetzte, einen Teil vor dem Abriss rettete und ein Lied davon singen konnte, dass das „Tacheles-Reden" in der DDR oft mit großen Risiken verbunden war.

Wir biegen links in die Oranienburger Straße ein, wo die **Neue Synagoge** ❹ mit ihrer 1995 fertig renovierten prachtvollen Kuppel unsere Aufmerksamkeit fesselt. Die Synagoge ist eines der schönsten Gebäude der Stadt und lohnt mit dem Centrum Judaicum in jedem Fall einen Besuch.

Bis 1860 gab es nur die alte Synagoge in der Heidereuterstraße, aber die jüdische Gemeinde war so stark gewachsen, dass eine neue Synagoge geplant wurde, deren Bau 1859 begann und die 1866 eingeweiht wurde. Die Architekten waren Eduard Knoblauch und Friedrich August Stüler.

Wir passieren die Sicherheitschecks am Eingang und sehen uns die ständige Ausstellung „Tuet auf die Pforten" an. Wie durch ein Wunder überstand die Neue Synagoge die Reichskristallnacht durch das mutige Eingreifen des Polizisten Krützfeld nur mit geringen Schäden. 1943 wurde sie jedoch bei einem Luftangriff so schwer zerstört, dass heute nur noch

Neue Synagoge

die Räume an der Straßenfront und die markante maurische Kuppel übriggeblieben sind. Als man sich im Jahre 1988, in dem sich die Pogromnacht vom 9.11.1938 zum 50. Mal jährte, entschloss, das marode Gebäude zu restaurieren, kam man überein, dass es am angemessensten sei, beidem, sowohl der prächtigen Architektur, als auch der Wucht der Zerstörung, Rechnung zu tragen. So wurden nur der vordere Teil und die Kuppel wieder aufgebaut. Wie groß und prachtvoll die Synagoge einst war, zeigt ein Modell im ersten Ausstellungsraum. Errichtet wurde sie im maurisch-byzantinischen Stil, der an die „Goldene Zeit" im Spätmittelalter z.B. in Córdoba, erinnert, als Judentum, Islam und Christentum in gegenseitiger Toleranz existierten, was zu einer kulturellen Blüte führte, die allen zugute kam. Aus Zeitungsausschnitten zur Eröffnung erfährt man, „... dass das Bauwerk an die Zauberräume der Alhambra" erinnere und an „die schönsten arabischen Baudenkmäler" (Zitate aus den Exponaten).

Die Neue Synagoge war modern ausgerichtet: der Gottesdienst wurde von Orgelmusik begleitet und die weltweit erste Rabbinerin, die Berlinerin Regina Jonas, war hier tätig. 1944 wurde sie ins KZ Auschwitz-Birkenau verschleppt und dort am 12. Dezember desselben Jahres ermordet.

Ein Blick auf die ausgestellten Fotos, die das einst betriebsame jüdische Leben in diesem Viertel und auch die Pogromnacht vom November 1938 dokumentieren, macht deutlich, wie groß der Anteil der jüdischen Bevölkerung am wirtschaftlichen und kulturellen Leben in dieser Stadt war und wie enorm das Ausmaß der Zerstörung. Ganz zu schweigen vom unermesslich großen menschlichen Leid!

Das jüdische Leben war direkt nach 1945 weitgehend ausgelöscht und die Gemeindestrukturen waren zerstört. 1946 bekam die Jüdische Gemeinde in Berlin ihre Anerkennung als Körperschaft des öffentlichen Rechts zurück. In den 70er und mehr noch in den 90er Jahren wuchs die Gemeinde wieder durch die Einwanderungswellen sowjetischer Juden. Jetzt gibt es auch hier in der Neuen Synagoge wieder einen Gebetsraum für Gottesdienste. Er ist über die große prächtige Treppe zur ehemaligen Frauenempore erreichbar. Dort sind außerdem Räume für Wechselausstellungen. Seit jeher war die Synagoge nicht nur ein Bethaus, sondern auch immer ein Ort des Lernens und des geistigen Austausches.

Noch eine Treppe höher geht es zur Kuppel. Dort werden alte, ausrangierte Gebets- und Gesangbücher aufbewahrt, die nicht zerstört werden dürfen. Von hier oben hat man auch einen schönen Ausblick auf die Stadt.

Klettert man von den Treppen der Kuppel wieder nach unten, findet man sich auf der belebten Oranienburger Straße wieder. Nach der Stille, die dort oben herrscht, muss man sich erst wieder an den Trubel auf der Straße gewöhnen.

Ein paar Schritte weiter, Nummer 27, werfen wir einen Blick in den **Kunsthof ❺**. Dort erzählt eine originelle gastronomische Einrichtung, die Tadschikische Teestube, ein Kapitel deutsch-sowjetischer Freundschaft. Ursprünglich 1974 auf der Leipziger Messe im Pavillon der Sowjet-Republik Tadschikistan aufgebaut, blieb die Teestube der Hauptstadt der DDR als Geschenk erhalten (damals noch am Festungsgraben). Der Besucher zieht die Schuhe aus und betritt eine Welt wie aus 1001 Nacht: Orientteppiche, Kissen, Poufs und zu Divanen aufgetürmte Stoffe mit bestickten Kissen umgeben die Sandelholzsäulen, während in der Ecke ein Samowar brodelt. Hier kann man entspannen, verschiedene Teegedecke à la russe probieren (mit Wodka, Gewürzen oder Marmelade) und an manchen Tagen gibt es Märchenstunden.

Da auf diesem Spaziergang für jeden Geschmack etwas dabei sein soll, nun zu einem kompletten Kontrastprogramm zur orientalischen Märchenwelt.

Gleich um die Ecke, in der Krausnickstraße 23, liegt nämlich ein „Muss“ für Punkfans, das einzigartige **Ramones Mu-**

seum ❻. Hier hat ein privater Sammler und persönlicher Freund dieser berühmten New Yorker Punkband mehr als 300 seltene und originelle Ausstellungsstücke aus ihrem immerhin 21-jährigen Bestehen (1975 - 1996) zusammengetragen. An diesem Ort gibt es Musikgeschichte zum Anfassen aus einer aufregenden Epoche, ein Pressearchiv, das das Ganze dokumentiert und das angegliederte „Café Mania". Es darf geraten werden, was dort für Musik gespielt wird.

Auf der anderen Straßenseite ist der Monbijoupark an der kleinen gleichnamigen Straße. Dort, vis-à-vis vom Bode-Museum, präsentiert das **Monbijou-Theater** ❼ (auch: Amphitheater/Hexenkessel Hoftheater) im Sommer Freilufttheater und Kino unterm Sternenhimmel. Die Stücke könnte man als volksnahe Klassiker bezeichnen, z.B. Molière, Shakespeare, Goldoni. Das Vergnügen kann nur von oben durch Wolkenbrüche gestört werden. Außer Theater gibt es im Sommer Konzerte (Weltmusik und Klassik) und Milongas, d.h. Tangoabende im Freien in der daneben gelegenen Strandbar unmittelbar an der Spree und vor der einzigartigen Kulisse des Bode-Museums. Beim sehnsuchtsvollen Klang des Bandoneons wird die raue, ruppige Hauptstadt auf einmal sehr sinnlich und südlich, ein schöner Ort für eine romantische Verabredung! Im Winter wird auf dem Bunkerdach des Hexenkessel Hoftheaters die Märchenhütte aufgebaut. Der Berlin-Besucher informiert sich am besten vorab im Internet, was gespielt wird (Netadressen s. Infos am Ende des Kapitels).

Nun noch ein kleiner Geheimtipp zum Entspannen: der gut versteckte **Krausnickpark** ❽ verbirgt sich in der Oranienburger Straße 19/20 hinter einer wenig einladenden Gittertür. Auch wenn es nicht so aussieht: dieser Park ist öffentlich und das Tor zwischen 9 und 18 Uhr für jeden geöffnet. Drinnen eine lauschige Oase mit Geschichte: im 18. Jahrhundert wurde hier Obst und Gemüse angebaut, es entstanden Orangerien, die man „Lusthäuser“ nannte mit exotischen Pflanzen, Springbrunnen, Statuen und Pavillons. Damals hieß das Areal „Vierhuff'scher Garten“ und war den Reichen vorbehalten. Später pachtete ein Verein das Grundstück und nutzte es als „Ressource zur Unterhaltung“ fürs gehobene Bürgertum mit Kegelbahn, Freilufttheater und Ballhaus. Nach der Weltwirtschaftskrise übernahm der Fiskus das Areal und machte die Ballsäle zu Studentenwohnheimen. Nach dem Krieg wurde einer dieser Säle von der Humboldt-Universität als Hörsaal genutzt. Nach der Wende war das Gelände verwahrlost und zerstückelt und wurde mit Hilfe des Bezirksamtes und privater Initiativen zu dem, was es heute ist.

Wir verlassen den Park nach einer kleinen Siesta (falls das Wetter dies zulässt) und folgen der Oranienburger Straße weiter bis zur nächsten Ecke. Dort biegen wir in die Große Hamburger Straße ein, bis zu den Vorkriegsjahren eines der Zentren des kulturellen und sozialen jüdischen Lebens in Berlin mit mehreren jüdischen Schulen, einem Altersheim und dem ältesten jüdischen Friedhof der Stadt.

Der **Alte Jüdische Friedhof** ❾ wurde 1672 eröffnet und lag damals, wie es für Friedhöfe üblich war, vor den Toren der Stadt. Bis zur letzten Beisetzung im Jahre 1827 fanden hier mehr als 12.000 Berliner ihre letzte Ruhestätte. Danach wurden andere jüdische Friedhöfe wie z.B. der in Weißensee angelegt. Im 19. Jahrhundert wurde der Friedhof etwas vernachlässigt, aber die alten Grabsteine aus dem Barock und den folgenden Epochen waren alle noch vorhanden. Ein eindrucksvolles Foto im Schaukasten am Eingang zeigt den Friedhof im Jahr 1930. 1943 wurde er von der Gestapo verwüstet und geschändet. Heute ist das Areal eine als Friedhof gekennzeichnete Grünanlage. Individuelle Gräber sind nicht mehr zu erkennen, zumal hier in den letzten Kriegswochen auch zahlreiche Kriegsopfer bestattet wurden. Einige wenige Grabsteine aus dem Barock entgingen der Zerstörung dank ihrer festen Verankerung in der Mauer und zeigen noch heute ihre verwitterten Inschriften auf Hebräisch. Ebenfalls zu sehen ist eine Replik des Grabsteins des Philosophen Moses Mendelssohn (1729 - 1786). Der aus einfachen Verhältnissen stammende Moses zeigte sich schon als Kind als hochbegabter Talmudschüler. Als 13-jähriger folgte er dem Oberrabbiner Fränkel von Dessau an die neu gegründete Talmudschule in Berlin. Im Laufe seiner Studienjahre eignete er sich auch weltliches Wissen an und neigte sehr zur Philosophie. Man erzählt sich, dass er 1754 beim Schachspiel den gleichaltrigen Dichter Gotthold Ephraim Lessing kennenlernte. Beeindruckt durch den Witz und Geist seines Schachpartners und späteren Freundes, setzte Lessing ihm ein literarisches Denkmal in der Hauptfigur „Nathan der Weise“ des gleichnamigen Theaterstücks. Beide, Lessing und Mendelssohn, setzten sich schon frühzeitig für die Ideen der Aufklärung, des Humanismus und der Toleranz ein.

Neben dem Friedhof ist das Areal des ehemaligen jüdischen Altersheimes, das die Nazis als Sammellager für die Deportationen in die Vernichtungslager benutzten. An das unermessliche Leid an diesem Ort erinnert die Skulpturengruppe von Will Lammert, einem ebenfalls vom NS-Regime verfolgten Künstler, aus dem Jahr 1957.

In der Großen Hamburger Straße (Nummer 29) befindet sich auch der Eingang zur evangelischen **Sophienkirche** ⑩ (benannt nach der preußischen Königin Sophie Luise), einer der ältesten Kirchen Berlins. 1712 wurde der Grundstein des Barockgebäudes gelegt, der Kirchturm wurde in den Jahren 1729 bis 1735 angebaut. Innen sind eine schöne Rocaille an der Decke und Kanzel und Taufstein noch original aus dem

18. Jahrhundert, so dass der barocke Charakter sehr gut erhalten blieb. Am Abend des 13.9.1964 predigte hier übrigens Martin Luther King als erster Pfarrer und Bürgerrechtler aus den USA in der DDR. King sprach in seiner Predigt auch den Mauerbau an, worauf die Gemeinde spontan mit dem Gospel „Let my people go" antwortete. Wie die Stasi reagierte, ist nicht überliefert.

Wir verlassen die Sophienkirche, um an der Traditionskneipe „Sophieneck" in die Sophienstraße einzubiegen. Hier sind wir im Herzen der Berliner Altstadt, die in den 1980er Jahren im hübschen neo-klassizistischen Stil des 18. Jahrhunderts restauriert wurde. Passend zur äußeren Fassade sind hier malerische Gewerbehöfe, Kunsthandwerksbetriebe, Puppentheater und Musikinstrumentenbauer angesiedelt. Das Haus Nr. 18 aus dem Jahr 1852 hat ein prächtiges, säulengeschmücktes Terracottator, durch das man in die Hinterhöfe sehen kann: in den Sophiensälen war früher der Sitz des Handwerkervereins und 1918 fand hier das erste Treffen des Spartakusbundes, des Vorläufers der Kommunistischen Partei Deutschlands, statt. Heute gibt es hier anspruchsvolles Theater und Tanz und Publikumsgespräche bei Wein und Salzgebäck an der langen Foyertafel. An einem Freitag im Monat um 16 Uhr kann man an einer Führung durchs Haus teilnehmen und noch mehr über seine bewegte Geschichte erfahren.

Das Tor zur Sophienstraße 21 führt uns zu den **Sophie-Gips-Höfen ⓫**, einer Passage mit Gewerbe, Kunst und Gastronomie, die bis zur Gipsstraße geht. Dieser Wohn- und Gewerbekomplex wurde Mitte des 19. Jahrhunderts erbaut und beherbergte eine Nähmaschinen- und später eine Fahrradkettenfabrik, ein Fuhrunternehmen und andere kleinere Gewerbe. Zu DDR-Zeiten und in den ersten drei Jahren nach der Wende wurden hier medizinisch-technische Geräte hergestellt. Mitte der 90er Jahre kamen die Höfe in Privatbesitz, wurden behutsam saniert und das unbebaute Nachbargrundstück zur Gipsstraße wurde ebenfalls angegliedert in der Absicht, die beiden Straßen zu verbinden und die Höfe tagsüber für jeden zugänglich zu machen (geöffnet: 9–22 Uhr). Hier gibt es lauschige Ecken zum Ausruhen, Galerien und Barcomi's Deli mit eigener Kaffeerösterei, Cupcakes, Bagels usw. Die ruhige und ebenfalls recht „alt-Berlinerische" Gipsstraße geht es rechts runter bis zur **U-Bahn Weinmeisterstraße** ⓬. Hier ist auch ein möglicher Endpunkt unseres Spaziergangs.

Wer noch mehr „Höfe" sehen und darüber hinaus einkaufen will, hat noch Alternativen:

1. An der Gipsstraße biegen wir rechts ab in die Rosenthaler Straße, wo es zahlreiche Cafés und Läden (hauptsächlich Mode, Accessoires, Kosmetik, Dessous, Inneneinrichtung etc.) gibt. Hier und erst recht in der Neuen Schönhauser Straße zeigt sich, dass Berlin, was Mode betrifft, keinen Provinzstatus mehr hat. Viele internationale Modeketten haben hier Filialen.

In der Münzstr. 21 lohnt sich ein Blick in die schönen alten Hinterhöfe.

Kurz darauf sind wir schon am **Alexanderplatz** ⓯, wo es S- und U-Bahnanschlüsse in alle Richtungen gibt.

2. Ein anderer Exkurs führt uns die Rosenthaler Straße hinunter bis zu den **Hackeschen Höfen** ⓭, einem der Touristenmagnete in Berlin. Der seit 1972 denkmalgeschützte Komplex besteht aus acht restaurierten Jugendstilhöfen, die dem Besucher Galerien, Cafés, Kino, Theater, Varieté (Chamäleon), Geschäfte und begrünte Innenhöfe bieten. Die Fassaden sind teilweise mit farbigen Glasursteinen versehen. Die Höfe wurden 1906 von A. Endell nach den Ideen der Lebensreformbewegung geplant. Diese bestanden u.a. darin, Bedingungen für gesundes Arbeiten, Wohnen, Freizeit und kulturelles Leben an einem einzigen Ort zu

schaffen, der von Licht, Luft und Sonne durchdrungen war. Das war eine Möglichkeit, der „Berliner Krankheit", der Tuberkulose, Einhalt zu gebieten, denn die dunklen, feuchten, engen Mietskasernen mit ihren katastrophalen hygienischen Bedingungen waren ein geeigneter Nährboden für diese damals weit verbreitete Krankheit. In den Höfen kann man sich mühelos stundenlang aufhalten. Sie sind von 6–22 Uhr geöffnet. Eine Orientierung durch die Höfe fällt leicht, da an vielen Stellen Pläne mit dem Grundriss angebracht sind. Von Hof VI gibt es noch einen Durchgang zu den kleineren Rosenhöfen mit H&M und kleinen individuellen Geschäften. Hof VIII endet in der Sophienstraße, die wir im Laufe unseres Rundgangs schon kennengelernt haben.

Der nächstgelegene S-Bahnhof und möglicher Zielpunkt dieses Spaziergangs ist der Hackesche Markt ⓮ gleich um die Ecke.

Die Hackeschen Höfe

Schlafen im Bezirk

- *Three Little Pigs Hostel*, Stresemannstr. 66, zauberhaftes Hostel in ehemaligem Nonnenkloster, WWW.THREE-LITTLE-PIGS.DE
- *Wombat's City Hostel*, Neue Schönhauser Str. 2, WWW.WOMBATS-HOSTELS.COM

Museen, Sehenswürdigkeiten und Veranstaltungsorte

- *Museum the Kennedys*, Auguststr. 11-13, WWW.THEKENNEDYS.DE
- *Ramones Museum*, Krausnickstr. 23, WWW.RAMONESMUSEUM.COM
- *Sophienkirche,* Große Hamburger Str. 31
- *Alter Jüdischer Friedhof*, Große Hamburger Straße 26
- *Monbijou-Theater,* Märchenhütte und Strandbar, vis-à-vis Bode-Museum, Monbijoustraße 3, WWW.AMPHITHEATER-MONBIJOU.DE oder WWW.MAERCHENHUETTE.DE oder WWW.MONBIJOU-THEATER.DE
- *Neue Synagoge*, Oranienburger Str. 28–30, WWW.CENTRUMJUDAICUM.DE
- *Sophiensäle,* Sophienstr. 18, WWW.SOPHIENSAELE.COM

Kunst und Galerien

- *Sammlung Hoffmann*, Kunstgalerie, Sophienstr. 21 (Sophie-Gips-Höfe). Erlesene Sammlung zeitgenössischer westeuropäischer und nordamerikanischer Kunst. Jeden Samstag zwischen 11 und 16 Uhr gibt es nach vorheriger Anmeldung Führungen durch die Sammlung über den Dächern Berlins, WWW.SAMMLUNG-HOFFMANN.DE
- *KW = Kunst Werke.* In der Auguststr. 69, gegenüber der Mädchenschule, sind die Gebäude der KW, „Kunst

Werke“ Berlin e.V. (Institute for Contemporary Art) in einer ehemaligen Margarinefabrik. Die KW wurden zu Beginn der 90er Jahre von einer Gruppe von Kunststudenten gegründet. Der Altbaukomplex beherbergt hinten und im rechten Seitenflügel ständig wechselnde Ausstellungen, im Innenhof ist das „Café Bravo“ in einer ultramodernen Stahl- und Glaskonstruktion. Es ist ein Ort, der der Produktion und Präsentation von zeitgenössischer Kunst dient, die den Diskurs über Fragen und Probleme der Gegenwart anregen soll, oft auch auf kontroverse und provokante Weise. Viele Kunstformen werden hier gezeigt: audiovisuelle Performances, Raum- und Videoinstallationen, Lichtkunst, Klangkunst der Berliner Clubszene etc. Außerdem nehmen die KW seit 1998 an der Berlin Biennale teil.
- ***Viele Galerien gibt es in der August-***, Linien- und Mulackstraße und Umgebung, u.a. die Galerien EIGEN+ART, Seven Star Gallery (Fotokunst) u.v.m.

Souvenirs, Souvenirs ...

- ***Maskworld Store Berlin***, Oranienburger Str. 86a, sehr originelles Fachgeschäft mit einer Mega-Auswahl an Masken, Kostümen, Perücken, Theater-Make-ups, Dekorationsartikeln etc. Es macht sehr viel Spaß, auf den fünf Etagen herumzustöbern! WWW.MASKWORLD.COM
- ***Bonbonmacherei Kolbe & Stecher***, Oranienburger Str. 32 (in den Heckmannhöfen), tolles Spezialgeschäft mit angeschlossener Schauküche, sehr leckere Bonbons ohne Chemie! WWW.BONBONMACHEREI.DE

Cafés

- ***Sankt Oberholz***, Rosenthaler Str. 72a, WWW.SANKTOBERHOLZ.DE
- ***Strandbad Mitte***, Kleine Hamburger Str. 16. Ruhig gelegen: die Kleine Hamburger Straße endet hier nach wenigen Metern als Sackgasse an einem Sportplatz. Es ist zwar kein Wasser in der Nähe, doch entspannen lässt es sich hier ebenso gut, im Sommer auch draußen. WWW.STRANDBAD-MITTE.DE
- ***Mogg & Melzer***, Auguststr. 11-13, in der Mädchenschule, WWW.MOGGANDMELZER.COM und WWW.MAEDCHENSCHULE.ORG
- ***Tadshikische Teestube***, im KunstHof Oranienburger Str. 27, WWW.TADSHIKISCHE-TEESTUBE.DE
- ***Barcomi's Deli***, Sophie-Gips-Höfe, Sophienstr. 21, HTTP://BARCOMIS.DE

Kneipen, Essen und Trinken

- ***Schwarzwaldstuben,*** Tucholskystr. 48, schwäbisch-badische Küche: Flammkuchen, Maultaschen, Spätzle … WWW.SCHWARZWALDSTUBEN-BERLIN.COM
- ***Schnelle Quelle***, Rosa-Luxemburg-Str. 5, Alt-Berliner Kneipe, Rauchen erlaubt
- ***Anna Koschke***, Krausnickstr. 11, ebenfalls eine der letzten Ur-Berliner Kneipen in Mitte: Molle und Korn statt Shisha und Cocktail. WWW.ANNA-KOSCHKE.DE
- ***Theaterkantine in der Berliner Volksbühne***, Linienstr. 227, günstiger, deftiger, gut bürgerlicher Mittagstisch für alle, Theateratmosphäre inklusive. Geöffnet: täglich 8–0 Uhr. WWW.DIEKANTINEN.DE

Nachtclubs/ Ballhäuser

- ***Clärchens Ballhaus***, Auguststr. 24, täglich ab 11 Uhr. Für Ungeübte gibt es preiswerte Crashkurse ohne Voranmeldung, z.B. Tango. Danach dürfen alle auf die Tanzfläche. Mittwochs tanzt man ab 19 Uhr Swing im schönen Spiegelsaal. Weitere Infos: WWW.BALLHAUS.DE
- ***House of Weekend***, Alexanderstr. 7, Elektrosound direkt am Alex, auf dem Dach des ehemaligen Hauses des Reisens, WWW.HOUSEOFWEEKEND.BERLIN
- ***KitKatClub,*** Köpenicker Str. 76, berühmter Fetisch- und Technoclub, www.kitkatclub.org
- ***Kater Blau*** (Strandbar, Kulturzentrum, Projekt), Holzmarktstr. 19-30, auf dem Gelände der berühmten Bar 25. Alternatives Veranstaltungszentrum mit Gastronomie, Live-Musik, Strandbar, Diskothek, Theater, Kulturveranstaltungen und vielem mehr. WWW.HOLZMARKT.COM und WWW.KATERBLAU.DE

Bars

- ***Bar 3***, Weydinger Str. 20, minimalistisch eingerichtet, beliebt in der Kunstszene, Rauchen erlaubt
- ***Reingold Bar***, Novalisstr. 11, chic und elegant im Stil der zwanziger Jahre, bekannt für seine erstklassigen Cocktails, WWW.REINGOLD.DE
- ***Meisterschüler Bar***, Friedrichstr. 105, interessantes Konzept: Galerie mit zeitgenössischer Kunst und Bar, entspannte Atmosphäre, gute Drinks, WWW.MEISTERSCHUELER.NET

Prenzlauer Berg

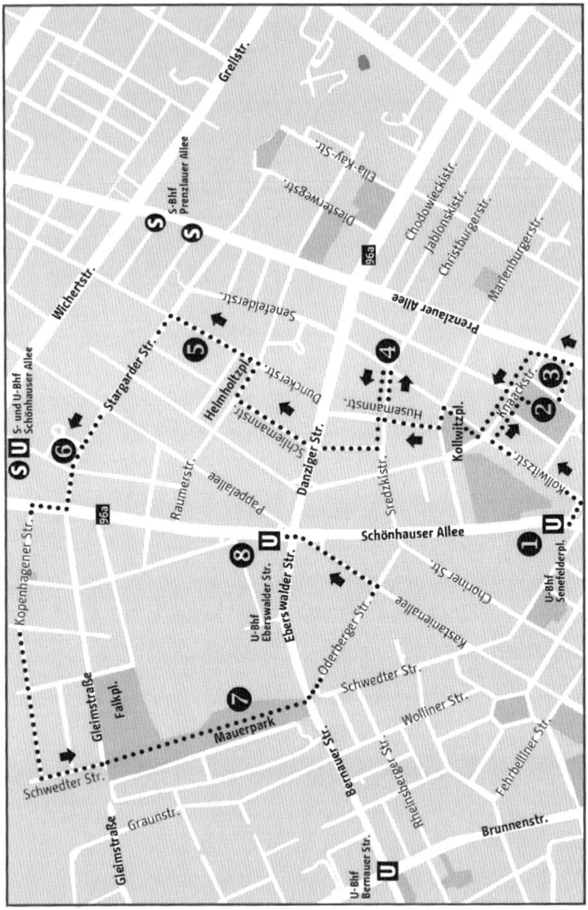

1 U-Bhf Senefelder Pl.
2 Wasserturm
3 Bezirksmuseum Pankow
4 Bücherwald
5 Museumswohnung
6 Gethsemanekirche
7 Mauerpark
8 U-Bhf Eberswalder Str.

Auf einen Latte Macchiato nach Schwabylonia

Kaum ein Stadtteil Berlins hat es zu einer so großen überregionalen Berühmtheit gebracht wie der Prenzlauer Berg, kurz genannt „Prenzlberg", nach der postalischen Abkürzung „Prenzl. Berg" zu DDR-Zeiten.

Im Prenzlauer Berg zeigt sich, wie schnell sich das Berliner Stadtleben nach der Wende verändert hat: dem Bohèmeleben hinter malerisch verfallenden Fassaden folgte schon wenige Jahre später eine Gentrifizierungswelle mit Zuzug vor allem aus Bayern und Schwaben (daher der Spitzname „Schwabylonia").

Vom maroden Charme der Ruinen zeugen heute nur noch Fotos. Auch der Mythos vom kinderreichsten Bezirk Europas stimmt nicht mehr; er stammt noch aus den 90ern, als überdurchschnittlich viele junge Leute in den beliebten Kiez zogen. Als Wohnbezirk ist die Anziehungskraft vom Prenzlauer Berg ungebrochen, auch wenn es mittlerweile schwierig ist, bezahlbaren Wohnraum zu finden und ein Großteil der alteingesessenen Bewohner inzwischen verdrängt wurde. In keinem anderen Stadtteil gibt es eine höhere Zuzugsrate von gut ausgebildeten Leuten aus dem In- und Ausland.

Im Wappen vom Prenzlauer Berg, der bis 2001 ein eigenständiger Bezirk war, finden wir zwei wichtige Symbole dieses schönen Stadtteils: Hopfen für die Bierbrauerei, die hier eine große Rolle spielte, und Trauben für den traditionellen Weinanbau (mehr dazu s. unten).

Bis Mitte des 19. Jahrhunderts war die sanfte Hügellandschaft des Prenzlauer Berges außerhalb der Stadtmauern landwirtschaftlich geprägt und ein beliebtes Ausflugsgebiet mit zahlreichen Brauereien und Biergärten (höchste Brauereidichte Europas!). Die hohe Qualität des Wassers nach Einführung der Kanalisation und die guten Bedingungen für die Lagerung des Bieres in kühlen, mit einer dicken Tonschicht bedeckten Erdhöhlen begünstigten diese Entwicklung, denn hier gab es alles, was der Berliner für ein entspanntes Wochenende brauchte: man konnte in der lieblichen Landschaft unter schattigen Bäumen sitzen, ein kühles Bier trinken und Flusskrebse aus den heimischen Gewässern essen. Zu Zeiten der industriellen Revolution fraßen sich die Häuser immer mehr in das idyllische Umland und die Natur musste den typischen, meist fünfstöckigen Mietskasernen weichen. Diese Gebäude der Gründerzeit überstanden die beiden Weltkriege weitgehend unbeschadet und waren aber danach, zu DDR-Zeiten, einem langsamen Verfall preisgegeben. Hier begründete sich auch der Ruf des Quartiers als „Alternativbezirk“, denn viele Studenten, Künstler, Intellektuelle und Oppositionelle zogen das Wohnen in den Altbauten mit ihren vielen Hinterhöfen dem Leben in der sozialistischen „Platte“ vor.

In der Nachwendezeit sorgten Hausbesetzer, Künstler und Lebenskünstler für ein Fortbestehen des Mythos „Prenzlberg“, der sich im Nu zum begehrten Wohnviertel wandelte. Freiräume zum Experimentieren verschwanden jedoch schnell, um für etabliertere Lebensformen Platz zu machen, ähnlich wie in Mitte.

Wie dem auch sei, kaum ein Stadtteil eignet sich besser zum entspannten Bummeln, Eis essen, Kaffee trinken etc. und steht deshalb auf der Liste der Flâneure ganz oben.

Spiegelverkehrt

Wir beginnen unseren Spaziergang am **U-Bahnhof Senefelder Platz ❶**, den wir in Richtung Schönhauser Allee/Saarbrücker und Fehrbelliner Str. verlassen. Gleich rechts sehen wir das Areal des Pfefferbergs, eine der vielen ehemaligen Brauereien mit Biergarten, von denen eingangs die Rede war. Heute beherbergt der Pfefferberg ein Architekturmuseum, Ateliers, ein Restaurant, das Hostel „Pfefferbett", Veranstaltungssäle für Kultur-Events und mit „Bassy's Cowboy Club" auch ein Tanzlokal, das bekannt ist für seine guten Livekonzerte. Andere hübsche Cafés und kleine Läden sind auch am Platz und in der Mitte ist ein Denkmal von Alois Senefelder, dem Erfinder der Lithographie. Während Senefelder auf dem Sockel thront, sind zwei wohlgerundete Putten dabei, seinen Namen in den Carrara-Marmor einzuritzen, natürlich spiegelverkehrt, wie es sich für einen echten Lithographen gehört. Wir überqueren die Metzer Straße und biegen in die Kollwitzstraße ein. Hier bekommen wir schon einen ersten Eindruck vom Szeneviertel Prenzlberg: zahlreiche Cafés, Bars, Restaurants, Kneipen und Läden, vor allem mit Mode, Schmuck, Accessoires, zweiter Hand, gehobenem Trödel, Dessous, Wein, Delikatessen, Keramik etc. säumen und verlangsamen unseren Pfad. Das Ganze setzt sich dann in der Knaackstraße, in die wir rechts abbiegen, fort.

Gar nicht zu verfehlen: in der Knaackstr. 25/27, führt uns ein kleines Treppchen zum **Wasserturm, dem „Dicken Hermann"** ❷, Wahrzeichen des ehemaligen Bezirks Prenzlauer Berg. Oben lassen wir zunächst den dicken Turm rechts und den kleinen Brunnen mit den Löwen links liegen, gehen an einem Spielplatz mit Trampolin und Tischtennisplatte vorbei, um dann den Aufgang hoch zum schlanken Steigrohrturm aus gelbem Backstein zu nehmen. Von hier oben haben wir einen sehr schönen Blick auf die Stadt und gleichzeitig einen Überblick über die gesamte historische Wasserturmanlage.

Das gelbe Türmchen, der Steigrohrturm, hatte früher, als der Wasserturm noch in Betrieb war, die Aufgabe, den Wasserdruck zu regulieren. Darüber hinaus können wir uns von hier gleich noch ein Bild vom Gedeih der Rebstöcke des kleinen Weinschaugartens machen, der nach Wiener Vorbild mit einem „Gemischten Satz" aus drei verschiedenen Rebsorten (Riesling, Chardonnay und Grüner Veltliner) bepflanzt wurde. Wer den Kreuzberg-Spaziergang gemacht hat, weiß schon, dass Berlin und Weinbau keine Widersprüche sind. Im Stadtteil Prenzlauer Berg deuten schon Namen wie Weinbergsweg, Volkspark am Weinberg und U-Bahnhof Weinmeisterstraße darauf hin, dass hier nicht nur Latte Macchiato getrunken wird (s. auch Infoteil: Weinbau in Berlin).

Ein paar Schritte von hier, quer über die Kolmarer Staße, befindet sich der Eingang zu dem kleinen **Bezirksmuseum Pankow** ❸. Die Dauerausstellung „Gegenentwürfe: Der Prenzlauer Berg vor, während und nach dem Mauerfall" gibt einen guten Eindruck, wie sich das Alltagsleben hinter dem „Eisernen Vorhang" anfühlte und dokumentiert die Umbrüche der Wendezeit umfassend mit Bild- und Tondokumenten. Im Treppenhaus hängen sehr schöne, teilweise surreal anmutende Fotos aus dem Pankow der 50er und 60er Jahre. Betrachtet man das Foto „Hinterhöfe im Prenzlauer Berg" von 1987 und vergleicht es mit den frischen Eindrücken vom Biotop der Schönen und Kreativen, begreift man, was für rasante Veränderungen sich hier in sehr kurzer Zeit vollzogen haben.

Darüber hinaus gibt es noch wechselnde Ausstellungen zur Geschichte des Bezirks und ein Archiv. Wir verlassen das Museum über den Hof und sind nun auf der Prenzlauer Allee, die wir bis zur nächsten Ecke hinuntergehen, um dann links in die Knaackstraße einzubiegen. Sie führt uns direkt zum Kollwitzplatz, einem der beliebtesten Plätze des Quartiers. Zweimal pro Woche finden hier Märkte statt: donnerstags von 12 bis 19 Uhr ein kleiner Ökomarkt, vorwiegend mit Produkten aus dem Umland und samstags ein bunter Wochenmarkt mit zahlreichen Imbissen und Händlern, die neben Lebensmitteln auch Schmuck, Kunsthandwerk, Accessoires und Lederwaren anbieten. Der Platz hat in der Mitte eine attraktive Grünanlage und Spielplätze. Kollwitzplatz und Kollwitzstraße erhielten ihre jetzigen Namen erst 1947, vorher hießen sie Wörther Platz und Weißenburger Straße. Die Bildhauerin und Graphikerin Käthe Kollwitz (1867 - 1945) lebte mit ihrem Mann, dem Arzt Karl Kollwitz, fast 50 Jahre hier im Bezirk, und zwar in der Weißenburger Str. 25 (heute Kollwitzstr. 58). Ihr Haus wurde im Krieg zerstört. Sie war Pazifistin und Sozialistin und unterzeichnete 1936 zusammen mit anderen Künstlern einen Appell zum Aufbau einer Arbeitsfront gegen die Nazis. Das brachte der mutigen und begnadeten Künstlerin ein Ausstellungsverbot ein. Ein paar Tage vor Ende des Naziregimes, am 22. April 1945, starb sie in Moritzburg. Mitten auf dem Kollwitzplatz ist sie in Bronze verewigt, in einer Plastik von Gustav Seitz aus dem Jahr 1960. Seitz war Ende der 20er/Anfang der 30er Jahre noch ein Schüler von Kollwitz an der Hochschule der Künste in Berlin-Charlottenburg gewesen.

Der Kollwitzplatz mit seinen Grünanlagen bietet sich bei schönem Wetter für eine erste Rast auf unserem Spaziergang an. Den gleichen Zweck erfüllt, Ecke Wörther Str./Kollwitzstr., die wahrscheinlich längste Eckbank Berlins: eine ideale Sitzgelegenheit für diejenigen, die gerne alles auf die lange Bank schieben. Hier kann man an sonnigen Tagen in Ruhe sitzen und das Prenzlberger Leben an sich vorbeiziehen lassen. Gleich nebenan, Ecke Husemannstraße, ist auch die „Restauration 1900“, schon zu DDR-Zeiten bekannt als Künstlertreff. Wir biegen in besagte Husemannstraße ein, die schon in den 80er Jahren umsichtig restauriert und so zum Freilichtmuseum wurde. An der nächsten Ecke verlassen wir die „Museumsstraße“, um rechts in die Sredzkistraße einzubiegen.

Aufgepasst, liebe Leseratten und Bücherwürmer, die ihr zu Fuß in Berlin unterwegs seid, jetzt gibt es einen Leckerbissen für euch, und zwar den **Bücherwald** ❹ an der Ecke zur Kollwitzstraße. Fünf dicke, zusammenstehende alte Baumstämme haben geschnitzte Fächer mit durchsichtigen Plastikklappen, hinter denen gebrauchte Bücher aller Art zu sehen sind. Jeder, der etwas findet, was er gern lesen möchte, kann es sich mitnehmen oder auch seine ausgelesenen Bücher dort abstellen. Der „Bücherwald“ im Prenzlberg nimmt damit teil an einer internationalen Bewegung, dem „bookcrossing“. Wer an dieser weltweiten Bücherei teilnehmen will, kann sein Buch sogar online registrie-

ren und seine Reise verfolgen: WWW.BOOKCROSSING.COM. Wer einfach nur beobachten will, wer sich im Bücherwald so alles tummelt, setzt sich eine Weile im Café „Anna Blume“ ans Fenster.

Wir kehren um und gehen die Sredzkistraße wieder in die andere Richtung hinunter.

Diese attraktive, kleine Straße ist ein Eldorado für Modebewusste und Shoppingfans, die hier ihrer Leidenschaft in individuellen Läden abseits der Einkaufszentren nachgehen können. Nach dem Schaufenster- oder Einkaufsbummel in der Sredzkistraße biegen wir rechts in die Hagenaustraße ein, eine ruhigere Wohnstraße mit komplett erhaltenen Gründerzeitfassaden, die uns zu einer der Magistralen des Stadtviertels, der Danziger Straße, führt. Wir überqueren sie.

Direkt vis-à-vis schließt sich die Schliemannstraße an. Hier wurde, wie in vielen anderen Straßen des Viertels, in den 90er Jahren Hausbesetzergeschichte geschrieben. Die Gegend um den Helmholtzplatz, zu der auch die Schliemannstraße zählt, war schon vor der Wendezeit beliebter Wohnort für Künstler, Intellektuelle und regimekritische Bürger. In den 90ern gehörte sie zum größten Sanierungsgebiet Europas. Die Sanierung ist nun weitgehend abgeschlossen und die Meinungen sind geteilt: „Freilichtmuseum für Gutbetuchte“, so denken die einen, „stilvolle Sanierung für gehobene Lebensqualität“ meinen die anderen. Schlimmeres wäre in jedem Fall denkbar, vgl. Hohenschönhausen oder Märkisches („Merkwürdiges“) Viertel.

Nach ein paar Schritten sind wir schon am Helmholtzplatz. Dieser Platz ist ein kleiner Park, der Kindern und Erwachsenen im dicht besiedelten Prenzlauer Berg Raum für Erholung, Sport und Spiel bietet. Er liegt ca. 3 m höher als die umliegenden Straßen. Das liegt daran, dass hier vor 150 Jahren eine Ziegelei stand, in der die Steine zum Bau der vielen Mietshäuser gebrannt wurden. Als die ganze Gegend bebaut worden war, riss man die Ziegelei ab, aber das Gestein der Fabrik blieb liegen und sorgt bis heute für eine Erhöhung des Untergrunds. Auf dem Platz gibt es Tischtennisplatten, ein Mini-Basketballfeld, einen Fußballplatz, Spielplätze und das Café „Kiezkind". Auf dem Platz ist immer etwas los und der Berlin-Besucher bekommt einen Eindruck vom lebhaften Kiezleben. Es gibt auch jede Menge hübsche kleine Cafés und Läden in den Straßen, die den Park umgeben, wie z.B. in der Raumer-, Lette-, Duncker-, Lychener und Schliemannstraße.

Wir entscheiden uns für die Dunckerstraße, denn in der kleinen **Museumswohnung Nr. 77** ❺ können wir uns ansehen, was aus den Ziegelsteinen vom Helmholtzplatz gebaut wurde, bzw. wie es in einer typischen Prenzlberger Mietwohnung um 1900 aussah. Dieses kleine Museum unter dem Motto „Bauen und Wohnen im Prenzlauer Berg um 1900 – Zimmermeister Brunzel baut ein Mietshaus" ist eines der liebenswertesten Museen der Stadt. Es ist auch besonders für Kinder zu empfehlen, die oft in ihren mit Unterhaltungselektronik vollgestopften Beton- bzw. Plastikbuden aufwachsen und sich gar nicht vorstellen können, wie man nur wenige Generationen zuvor lebte.

Das Projekt „Zimmermeister Brunzel …" ist ein Nachfolger der Ausstellung „Berliner Arbeiterleben", die es bis 1995 in der Husemannstraße gab. Quartiersmanagement, Senatsverwaltung für Stadtentwicklung und ehrenamtliche Mitarbeiter, vor allem von der Seniorenfreizeitstätte „Herbstlaube" gleich nebenan, machten die Dauerausstellung erst möglich. Der Rundgang durch die 50 Quadratmeter große Wohnung im Vorderhaus vermittelt lebendige Geschichte und beruht auf einem wahren Fall:

Zimmermeister Heinrich Brunzel wurde im Jahre 1895 vom allgemeinen Bau- und Spekulationsfieber erfasst und kaufte das fast 1000 Quadratmeter große Grundstück an der Dunckerstr. 77, um ein Wohnhaus darauf zu errichten. Er hatte jedoch Pech: es war ein harter Winter, der Zement gefror und viele Arbeiter wurden krank. Die finanzielle Belastung des Bauvorhabens wurde zu groß, Brunzel konnte die Zinsen nicht mehr bedienen, so dass das Haus an die Bank fiel. So wie Brunzel ging es damals vielen, daran hat sich bis heute nichts geändert, auch das ist typische Berlin-Geschichte!

Für damalige Verhältnisse war die Mietwohnung, die wir besichtigen wollen, komfortabel, denn sie liegt im Vorderhaus und es gab schon ein WC mit Wasserspülung (dank des Hobrechtschen Bebauungsplans und des Wasserturms). Außerdem gibt es eine Stube mit Balkon, eine Kammer und eine Küche.

Wir klingeln entweder in der Museumswohnung direkt oder fragen im Rentnertreff „Herbstlaube", wo uns einer der Senioren/innen gerne durch die Wohnung führt. Ein Besuch dort ist wirklich interessant und lehrreich. Kaum zu glauben: in der Küche, dem Zentrum und Herz der Wohnung, hielten sich oft bis zu 17 Personen auf, während der schöne alte Kachelofen in der „guten Stube" aus Kostengründen nur zu besonderen Gelegenheiten (Weihnachten, Besuch der Schwiegermutter usw.) beheizt und benutzt wurde. Daher auch der Name „die kalte Pracht". Auch sehenswert sind der alte Eisschrank aus Holz und die kleine Sitzbadewanne aus Zink, in der sich samstags die ganze Familie, angefangen vom Familienoberhaupt bis zum Kleinsten, badete, und zwar alle im selben Badewasser. Heißes Wasser war ebenfalls Luxus! Wir erfahren auch noch andere Details über die „gute alte Zeit", z.B. von „Trockenwohnern", die sich oft die Tuberkulose holten, da sie aus Not die regulären Mieten nicht zahlen konnten und so gegen geringeres Entgelt in neu errichteten, noch nicht völlig ausgetrockneten Wänden wohnten und von Hinterhöfen, so klein, dass sich in ihnen gerade einmal eine Feuerwehrspritze zum Löschen drehen konnte …

Bald darauf hat uns die Moderne wieder und es geht weiter durch die Duncker- (oder wahlweise Schliemann- oder Lychener Straße) bis zur Stargarder, in die wir nach links einbiegen. Besonders im Sommer säumen hier zahlreiche Versuchungen in Form von Eisdielen unseren Weg. Das Eis hier wird durchweg selbst gemacht und die Sorten sind oft fantasievoll: Butterkaramell mit Meersalz, Heidelbeerbaiser, French Kiss etc. Natürlich gibt es auch die klassischen Sorten, lecker sind sie alle!

Die lebendige Stargarder Straße mit ihren vielen kleinen Geschäften eignet sich prima zum Bummeln, das Angebot ist vielfältig und es ist für jeden Geschmack etwas dabei.

Zum Ende der Straße hin machen die Mietshäuser prächtigen, großbürgerlichen Gründerzeitvillen Platz. In diesen Rahmen passt auch die schöne **Gethsemanekirche** ❻ Ecke Stargarder/ Greifenhagener Straße. Sie ist ein Werk von Oberbaurat August Orth, einem der bekanntesten Architekten des späten 19. Jahrhunderts. Er erbaute u.a. auch die Zionskirche im Prenzlberg und die evangelische Kirche in Bethlehem, Palästina. 1890 wurde der Grundstein gelegt, 1893 war die Einweihung in Anwesenheit des Kaiserpaares Wilhelm II. und Auguste Victoria. Es lohnt sich, hier eine Weile innezuhalten: von außen sehen wir einen roten Klinkerverblendbau mit romanisierenden und gotisierenden Formen, innen erzeugt ein oktogonales Sterngewölbe eine großartige Raumwirkung.

Die Gethsemanekirche spielte eine wichtige Rolle in der oppositionellen Bürger- und Demokratiebewegung zum Ende der DDR. In den 80er Jahren bot sie Friedens-, Umwelt- und Menschenrechtsaktivisten Schutz. Für die bei den Demos für mehr Freiheit und Demokratie in der DDR am 7.10.‘89 inhaftierten Demonstranten kamen hier Tausende unter dem Motto

„Wachet und betet!" zu Mahnwachen und Fürbitten zusammen. In diesen historischen Wochen des Umbruchs war die Kirche Tag und Nacht geöffnet und stets mit vielen Kerzen erleuchtet. Ihr politisches Engagement für die Friedensbewegung hat die Kirchengemeinde bis heute beibehalten.

Wir gehen nun das letzte, kurze Stück der Stargarder Straße hinunter bis zur belebten Schönhauser Allee, einer der Hauptverkehrs- und Geschäftsstraßen des Bezirks. Hier darf natürlich auch das obligate Shopping Center nicht fehlen. Auf dem Dach der Schönhauser Arcaden befindet sich eine Dachgartenbar, die Beach Bar Deck 5, mit Sandstrand, Strandkörben, Cocktailbar und einem schönen Ausblick weit über den Bezirk und sogar über den Fernsehturm hinaus (WWW.FREILUFTREBELLEN.DE).

Auf der anderen Straßenseite der Schönhauser Allee geht es weiter, durch die ruhigere, touristisch nicht so überlaufene Kopenhagener Straße. Sie ist ideal zum Flanieren, nicht so laut und geschäftig wie die Schönhauser, mit sehr breiten Bürgersteigen, Baumbestand auf beiden Seiten und vielen Sitzgelegenheiten zum Ausruhen. An manchen Ecken kommt sogar noch so etwas wie ein „Kurz-nach-der-Wende-Gefühl" auf, authentisch und ostig. Wer so was mag, dem sei auch die „Kohlenquelle" Ecke Kopenhagener/Sonnenburger Str. empfohlen.

Unser nächstes Ziel ist jedoch der **Mauerpark** ❼, deshalb biegen wir am Ende der Kopenhagener links in die Schwedter Straße ein. Diese ruhige Straße führte bis 1862 den schönen Namen „Verlorener Weg", denn damals war hier nichts als ein Feldweg, der sich außerhalb der Berliner Stadtgrenzen in der unbebauten Natur verlor. Das Gelände rechts und links des Weges wurde seit dem 19. Jahrhundert teils als Ackerland, teils als Exerzierplatz genutzt. Auch die Wiege des Berliner Lieblingsfußballvereins „Hertha BSC" stand auf dem hiesigen

Exerzierplatz „Einsame Pappel", der seit 1882 nicht nur zum Training, sondern auch als Spielstätte diente. Bis zum 2. Weltkrieg gab es wechselnde Nutzung als Exerzierplatz, Sport- und Freizeit-, Kleingarten- und Barackengelände. Nach der Teilung Berlins markierte die Schwedter Straße im Areal zwischen Bernauer und Bornholmer Straße genau die Grenze zwischen Ost und West, was seit dem 13.8.1961 auch noch durch die Mauer zementiert wurde. Auf der westlichen Seite lag nun der Verwaltungsbezirk Wedding unter französischer Kommandantur, der östliche Teil gehörte zum sowjetischen Sektor. Die DDR hatte auf ihrem Areal schon in den 50er Jahren einen Sportpark errichten lassen, der erhöht an einem Hang lag, während der auf ebenem Gebiet darunter liegende Nordbahnhof schon zum Westen gehörte. Eine Grenze in Schieflage – das passte der DDR-Führung nicht, und es gelang, sich dahingehend zu einigen, dass die Grenze auf rund 1 km Länge 50 m gen Westen verschoben wurde. Dieser Tatsache verdanken wir heute noch ca. 300 m der ehemaligen Hinterlandmauer (über dem Karaoke-Amphitheater, vor den Schaukeln). Heute können sich dort Sprayer ganz legal ausprobieren. Der Park ist bei Berlinern und Zugereisten sehr beliebt, auch wenn er an manchen Stellen etwas ungepflegt und schusselig wirkt, eher wie eine Brache. Amüsieren kann man sich dort trotzdem, z.B. beim Karaoke jeden Sonntagnachmittag, oder - wenn man nicht singen will - beim Besprayen der alten Vorgrenzmauer, beim Schaukeln hoch gen Himmel mit Blick auf den Wedding oder einfach beim Entspannen auf der Wiese. Ein weiteres besonderes Sonntagsvergnügen ist der bekannte Flohmarkt am Mauerpark. Seine Zukunft ist ungewiss, so ein Filetstückchen mitten in der Metropole weckt natürlich Begehrlichkeiten. Bislang ist und bleibt der Mauerpark aber viel mehr als nur ein ehemaliger Grenzstreifen zwischen Ost und West, - ein Ort der

Begegnung zwischen Kulturen und sozialen Gruppierungen zwischen so unterschiedlichen Stadtteilen wie dem schicken Prenzlberg und dem proletarischen Wedding, zwischen Berlinern und Touristen.

Wir verlassen den Park am Ausgang Bernauer Straße/ Eberswalder Straße, dort, wo früher der letzte Pfosten des Grenzpostenweges war und jetzt die beliebte Kneipe „Mauersegler“ ist. Direkt daneben ist sonntags der Eingang zum Flohmarkt am Mauerpark, der wirklich einen Besuch wert ist. Hier gibt es einfach alles! Selbst wenn man nichts kauft, macht es einfach Spaß, sich unter die Leute zu mischen und das Markttreiben zu beobachten.

Auf der anderen Seite der Straße führt uns unser Spaziergang in die Oderberger Straße. Die Oderberger lag vor dem Fall der Mauer im Grenzgebiet. Sie ist mit ihren vielen schönen Cafés und Läden, der ältesten Feuerwache Deutschlands und

Militantes Schneewittchen im Mauerpark

dem alten gleichnamigen Stadtbad (heute „event location“) ein würdiger Abschluss für unsere Tour. Das heißt, so ganz sind wir noch nicht am Ziel, als „Einflugschneise“ dient uns die Kastanienallee, die schon allein einen Spaziergang wert ist. Hier ist auch einer der ältesten und schönsten Berliner Biergärten, der seit 1837 existierende „Prater“ (Kastanienallee 7-9). Er ist alles in einem: Biergarten, Kneipe, Ausflugslokal, Restaurant, Ballsaal, Volkstheater ... und natürlich ein idealer Ort, um einen warmen Sommerabend ausklingen zu lassen.

Unser Spaziergang endet an der **U-Bahn Eberswalder Straße** ❽. An diesem Verkehrsknotenpunkt treffen fünf Magistralen des Stadtteils sternförmig zusammen. Berühmt wurde diese Ecke schon in den 50er Jahren durch den DDR-Kultfilm „Berlin – Ecke Schönhauser“. Die Handlung des Films beschäftigt sich mit dem Schicksal einer Gruppe rebellischer Teenager aus Ost-Berlin zu einer Zeit, in der die Sektorengrenzen zwar noch offen waren, aber der Kalte Krieg schon seinen Schatten vorauswarf.

An dieser Stelle auch noch ein Tipp für Freunde der Berliner Küche: Traditionsimbiss Konnopke ist seit 1930 an dieser Stelle unter den U-Bahnbrücken und erfreut sich völlig zu recht großer Beliebtheit. Eine scharfe Currywurst mit Pommes auf der verkehrsumtosten Mittelinsel Ecke Schönhauser und Kastanienallee – Berlinerischer geht es eigentlich nicht mehr!

Weinbau in Berlin

Hier ein paar interessante Fakten zur Weinregion Prenzlauer Berg: Schon im 13. Jahrhundert begannen die Mönche, die der Brandenburger Markgraf Albrecht der Bär zur Bekehrung der Heiden ins Land geholt hatte, mit dem Weinanbau, weil sie Messwein brauchten. Die Barnim-Hangkante mit ihrer sonnigen Südseite, auf deren Ausläufern wir im Prenzlauer Berg stehen, war besonders für den Weinbau geeignet. Sie ist als Endmoräne aus der Eiszeit (vor 25.000 Jahren) übriggeblieben. Berlin wurde über die Jahrhunderte zu einem Zentrum des märkischen Weinanbaus. Nicht jeder war jedoch von der Qualität der Brandenburger Weine überzeugt. Der Überlieferung nach ließ Friedrich der Große seinerzeit den französischen Botschafter mit Wein aus heimischer Produktion bewirten. Dem Botschafter war der Wein zu sauer und veranlasste ihn zu der Äußerung, er würde es nicht einmal wagen, ihn den Gefangenen in der Bastille vorzusetzen. Ab 1740 ging es mit dem Berliner Weinbau bergab. Schuld war eine extreme Kälteperiode mit Wintern von bis zu -40°, die fast alle Rebstöcke zerstörte. Erst ab den 60er Jahren des 20. Jahrhunderts wurde der Weinbau in Berlin neu belebt. Eine Vorreiterrolle kommt dabei dem Bezirk Kreuzberg zu.

Der Riesling vom Prenzlauer Berg ist leicht, spritzig und erfrischend. Er stammt vom Weinberg am Volkspark Prenzlauer Berg und wird beim Prinzen zur Lippe auf dem Weingut Schloss Proschwitz bei Meißen gekeltert. Gegen eine Spende (10 €) kann man ihn beim Bezirksamt erwerben. Im Prenzlauer Berg machen sich das Amt für Umwelt und Natur und der Förderverein „Weingarten in Berlin“ e.V. um den Weinbau im Prenzlberg verdient. Sie bieten auch sehr empfehlenswerte Führungen zum Thema „Wasser und Wein“ am Wasserturmplatz an. Die Führungen finden von April bis Oktober jeweils um 11 Uhr an einem Samstag im Monat statt. Genaue Termine unter WWW.BERLINER-RIESLING.DE.

Der Wasserturm

Noch zu Anfang des 19. Jahrhunderts hatte Berlins Wasserversorgung den Standard des Mittelalters, d.h. Abwässer wurden einfach in den Rinnstein gekippt, was zu Verunreinigungen des Brunnenwassers und infolgedessen zu Krankheiten und regelmäßig wiederkehrenden Epidemien führte. So erwarb sich Berlin auch den Ruf als eine der übelriechendsten Städte Europas.

In der zweiten Hälfte des 19. Jahrhunderts bekam die Stadt Berlin im Rahmen des Hobrechtschen Bebauungsplanes eine erste Kanalisation und Frischwasserversorgung. Sie wurde von englischen Ingenieuren der „Berlin-Water-Company", London, gebaut, da die Engländer damals auf diesem Gebiet führend waren. 1853 - 56 entstanden der Steigrohrturm und der Tiefbehälter im Innern des kleinen Hügels, den wir auf unserem Spaziergang emporklettern. Zuerst wurde frisches Wasser aus der Spree gepumpt. Später, als diese zu dreckig war, kam das Wasser aus dem Tegeler See. Als die Stadt Berlin die Anlage 1873 von den Engländern kaufte, reichte ihre Kapazität für die rasant wachsende Metropole schon nicht mehr aus. Durch die Industrialisierung war der Prenzlberg zu dem am dichtest besiedelten Raum Europas geworden, mit Mietskasernen mit bis zu 7 Hinterhöfen! Schon 1875 wurde die Anlage um den eigentlichen Wasserturm, den „Dicken Hermann", mit einem Hochbehälter auf dem Dach erweitert. Außerdem bot er auf fünf Etagen Wohnungen für das Personal und, rund um den Turm, Gärten für die Selbstversorgung. Die Wohnungen gehören übrigens bis heute zu den begehrtesten und malerischsten im Stadtviertel. 1880 wurde eine erste geplante Gartengestaltung vorgenommen, von der heute noch ein alter Ahorn übrig ist. 1914 wurde die Anlage mit dem Pumpwerk geschlossen; sie war zu klein geworden. Der Turm diente allerdings bis 1952 noch zum Druckausgleich für die Berliner Wasserleitungen. Auf dem Hügel wurden Spielplätze für die vielen Kinder des Viertels angelegt, im unterirdischen Gemäuer mit dem Tiefbehälter brachte man eine Seilerei, eine Seifenkistenfabrik und danach sogar ein Gradierwerk unter.

1933 nutzte die SA das Maschinenhaus, das heute nicht mehr existiert, als wildes Konzentrationslager. Die Schreie der Gefolterten hörte man oft bis in die umliegenden Straßen. Zwei davon sind nach dort inhaftierten Widerstandskämpfern benannt: Sredzki und Knaack. Wenig später, im Sommer 1933 wurde das Maschinenhaus zum „SA-Heim Wasserturm" umfunktioniert mit Speise-, Aufenthalts- und Schlafräumen. Im Krieg diente das Gewölbe des Tiefbehälters als Luftschutzkeller. Nach dem Krieg wurde das Gelände Nutzgarten und das Maschinenhaus zum Kindergarten. In den letzten Jahren wurde das Wasserturmgelände nach alten Plänen und Ausgrabungen rekonstruiert.

Heute befinden sich dort wieder Kinderspielplätze und Grünanlagen, die so manch einen idyllischen Winkel für ein Picknick bieten. Ein schöner Ort ist auch der Löwenbrunnen. Ursprünglich stand hier eine Statue vom Löwen des britischen Empire, eine Hommage an die britischen Ingenieure, denen die Stadt ihre erste Kanalisation verdankt. Der Löwe sollte eigentlich vergoldet werden, aber schon damals war die Stadt Berlin notorisch klamm und so reichte es nur für gelbe Farbe, so dass er den Beinamen „die gelbe Katze" bekam. Er wurde später am Dönhoffplatz aufgestellt. Heute ist hier eine Bronzestatue des Bildhauers Stephan Horota von einem Löwenvater mit zwei Jungen. Der Löwe sieht gutmütig aus, um die Kinder nebenan auf dem Spielplatz nicht zu sehr zu erschrecken!

Der "Dicke Hermann" mit Tiefbehälter

Schlafen im Bezirk

- ***Pfefferbett Hostel***, Eingänge Christinenstr. 18-19 und Schönhauser Allee 176, zentrale und zugleich ruhige Lage auf dem Gelände der ehemaligen historischen Brauerei Pfefferberg, mit Clubs, Theater, Restaurant etc. WWW.PFEFFERBERG.DE und WWW.PFEFFERBETT.DE.
- ***Vannis Haus***, Danziger Str. 100, beliebtes Hostel im ersten Stock eines schönen Altbaus, Bed & Breakfast-Charakter, Tel.: 015785236785.

Museen und andere Sehenswürdigkeiten

- ***Bezirksmuseum Pankow mit dem Kultur- und Bildungszentrum Sebastian Haffner***, Prenzlauer Allee 227/228, WWW.MUSEUM-DIGITAL.DE
- ***Wasserturm Berlin Prenzlauer Berg:*** Gelände jederzeit frei zugänglich. Führungen zu Architektur, Gartengestaltung und Weinbau, Treffpunkt zu ausgewählten Terminen am Steigrohrturm. Infos unter: WWW.BERLINER-RIESLING.DE. Führung incl. Weinprobe
- ***Zimmermann Brunzel baut ein Mietshaus***, Dunckerstr. 77, Eintritt über den Rentnertreff „Herbstlaube", ebenfalls Dunckerstr. 77, WWW.MITUNDFUEREINANDEr.de.

Souvenirs, Souvenirs ...

Es gibt eine Unmenge kleiner, individueller Geschäfte auf diesem Spaziergang, so wie im ganzen Bezirk, so dass es schwer fällt, Empfehlungen auszusprechen. Zu erwähnen ist auch die gesamte Kastanienallee („Casting Allee") mit ihren Modegeschäften, wo man sowohl in den Schaufenstern, als auch bei den Passanten den typischen Prenzlberger Chic (eher avantgardistisch und sehr individuell) bewundern kann.

Zusätzliche Tipps:

- ***Goldhahn und Sampson***, Dunckerstr. 9, bietet alles rund ums Essen und Trinken an: Lebensmittel, Spezialitäten, Kochkurse, Kochbücher, Kochutensilien. Außerdem kann man dort Kaffee trinken. WWW.GOLDHAHNUNDSAMPSON.DE
- ***Flohmärkte: Mauerpark***, Bernauer Str. 63-64, So 8 bis 18 Uhr und ***Arkonaplatz***, So 10 bis 16 Uhr, kleiner und weniger touristisch und wuselig als der „große" Mauerpark nebenan, feines Trödelangebot!

Ausgehen/ Nachtclubs

- ***Kulturbrauerei mit Frannz-Club und Soda Club***, Schönhauser Allee 36, schönes altes Industriearchitekturdenkmal vom Ende des 19. Jahrhunderts. Kinos, Theater, Restaurants, Diskotheken – alles unter einem Dach! WWW.KULTURBRAUEREI.DE, WWW.FRANNZ.COM,
- ***Soda-Club,*** Eingang Knaackstr. 97, WWW.SODA-BERLIN.DE
- ***Duncker-Club,*** Dunckerstr. 64, WWW.DUNCKERCLUB.DE
- ***Bassy's Cowboy Club***, Schönhauser Allee 176 (auf dem Pfefferberg) WWW.BASSYCLUB.DE und WWW.PFEFFERBERG.DE

Kneipen, Biergärten, Imbisse etc.

- ***Konnopke's Imbiss***, Schönhauser Allee 44b, unter der Hochbahn
- ***Spreegold,*** Stargarder Straße 82/ Ecke Schönhauser Allee, Café, Frühstück, Brunch und Burger, beliebtes Café und Szenerestaurant, leckeres Essen, guter Kaffee und Logenplatz, um das lebhafte Kiezleben und die Passanten zu beobachten. Infos: WWW.SPREEGOLD.COM

- *Prater Garten*, Kastanienallee 7-9, WWW.PRATERGARTEN.DE
- *Kohlenquelle (auch genannt „die Koppe")*, Kopenhagener Str. 16/ Ecke Sonnenburger Str., kleines beliebtes Ecklokal, man kann sehr schön vor der Tür in der Sonne sitzen und beobachten, wer alles über die kleine Fußgängerbrücke zur Dänenstr. kommt.
- *Club Mauersegler mit Fußballkneipe Tante Käthe*, Biergarten und Kneipe, Bernauer Str. 63, WWW.MAUERSEGLER-BERLIN.DE

Cafés

- *Zuckerfee,* Café und Confiserie, Greifenhagener Str. 15, eines der schönsten Cafés in der Stadt, WWW.ZUCKERFEE-BERLIN.DE
- *Café Schwarzsauer*, Kastanienallee 13, WWW.SCHWARZSAUER.COM
- *An einem Sonntag im August*, Kastanienallee 103, WWW.AN-EINEM-SONNTAG-IM-AUGUST.DE
- *Bonanza,* Oderberger Str. 35, Kaffeerösterei mit Kaffeebar, WWW.BONANZACOFFEE.DE

Lichtenberg

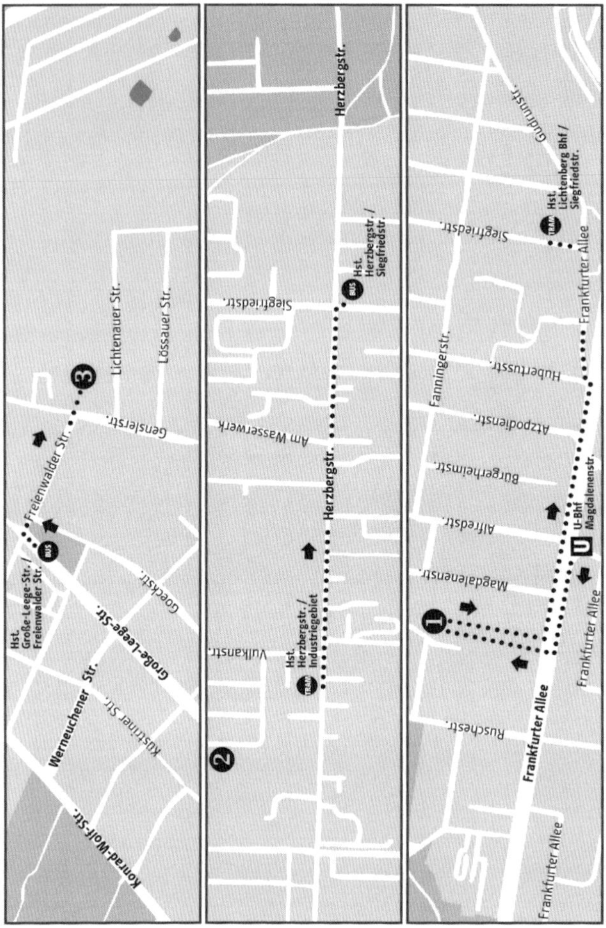

1 Stasi-Museum
2 Dong Xuan Center
3 Stasi-Knast Gedenkstätte Berlin-Hohenschönhausen

Stasi-Geschichte und ein Hauch Exotik auf der Frühlingswiese

Lichtenberg mit seinem Bezirksstadtteil Hohenschönhausen liegt recht zentral, ohne touristisch überlaufen zu sein und ist beliebter Wohnort bei Studenten und Ur-Berlinern, die von der Gentrifizierung (noch) in Ruhe gelassen werden. Erholungssuchenden kann man den größten Landschaftstiergarten Europas, den Tierpark Friedrichsfelde, empfehlen oder die romantische Rummelsburger Bucht, wo man bei schönem Wetter mitten im Grünen bei einer Berliner Weißen die Beine vom Steg baumeln lassen kann und dabei von Weitem das klassische Hauptstadtpanorama mit Fernsehturm am Alex vor Augen hat.

Wir wenden uns jedoch bei diesem Spaziergang einem besonders interessanten Kapitel der jüngeren deutschen Geschichte zu, nämlich der Überwachungs- und Unterdrückungsmaschinerie der DDR, deren Inbegriff die sogenannte Stasi (Staatssicherheit) ist. Neben ihrer Funktion als geheimer Nachrichtendienst und politische Geheimpolizei war sie auch für Auslands- und Industriespionage (vor allem in der BRD) zuständig und zugleich strafrechtliche Ermittlungsbehörde (s.u. Stasi-Gefängnis). Eine ungeheure Machtkonzentration im Staate DDR!

Die Brutalität der stalinistischen Diktatur, speziell gegenüber Andersdenkenden, manifestiert sich auf erschütternde Weise auf einem von ehemaligen Häftlingen geführten Rundgang durch den „Stasi-Knast“ in der Genslerstraße.

Die Arten des Überwachens und Strafens sagen viel über die Gesellschaft bzw. das System der DDR aus, das seine Bewohner als potentielle Feinde mit tiefstem Misstrauen beobachtete und überwachte.

Auf diesem Spaziergang haben wir die Gelegenheit, Geschichte hautnah zu erleben und unmittelbar zu erfahren.

Wir fahren mit der U5 bis zur Magdalenenstraße (Ausgang Ruschestraße), wo wir nach wenigen Schritten das riesige, 22 ha umfassende Areal des MfS (= Ministerium für Staatssicherheit) vor uns haben. Früher war hier ein Sperrbezirk, hermetisch abgeriegelt und für normale Bürger nicht zugänglich. Auf den Ost-Berliner Stadtplänen war an dieser Stelle nur ein weißer Fleck zu sehen, so wie übrigens auch ganz West-Berlin „geweißt" war. Auf den Stadtplänen, die im Westen gedruckt wurden, waren immerhin die Straßen eingezeichnet, wenn auch ohne genauere Bezeichnung der Gebäude. Der Komplex zwischen Rusche-, Normannen-, Magdalenenstraße und Frankfurter Allee umfasste ca. 50 Dienstgebäude der Staatssicherheit mit verschiedenen Ressorts wie Verwaltungen, Gästehäusern, Abteilung für Finanzen, medizinischem Dienst, Rechtsstelle, Bild- und Dokumentationsstellen, Informationsdiensten, Ladenzeile, Offizierscasino, Kantine etc. In Haus 2 war die Spionageabwehr untergebracht. Heute finden wir auf dem Areal an vielen Stellen Säulen mit Übersichtsplänen, an denen wir uns orientieren können.

Interessant für den Besucher ist in erster Linie das 1960/61 erbaute Haus 1 mit dem ehemaligen Büro des Stasi-Chefs Mielke, das im Originalzustand im Originalgebäude erhalten ist. Hier hat man jüngere deutsche Geschichte wirklich hautnah zum Anfassen vor sich, was einen wesentlichen Reiz dieser Gedenkstätte ausmacht. In den Häusern 7-9 ist heute der Sitz des Bundesbeauftragten für Stasi-Unterlagen. Hier sind alle noch erhaltenen Unterlagen, die von Mitarbeitern der Stasi über die Bürger zusammengetragen wurden, archiviert und können auf Antrag immer noch eingesehen werden. 111 km Akten zeugen von der Sammelwut und vom Überwachungseifer des DDR-Regimes. Die übrigen Gebäude werden heute kommerziell genutzt, z.B. durch die Deutsche Bahn.

Haus 1, das eigentliche **Stasi-Museum** ❶, liegt im Herzen des Komplexes und hebt sich durch seinen Eingangsbereich mit durchbrochenen Hohlbausteinen etwas von den anderen schmucklosen Plattenbauten ab. Diese Sichtblende wurde nachträglich am Eingang angebaut, um die Beobachtung des Eingangs zu erschweren.

Im Foyer stehen wir gleich dem ersten Exponat gegenüber: einem Gefangenentransporter mit fünf winzigen Einzelzellen, in denen die Stasi ihre Häftlinge transportierte. Nichts für Klaustrophobiker! Ferner sind dort ein Diorama, d.h. ein Pappmachémodell des gesamten Geländes aus den 80er Jahren und natürlich die obligaten Marx- und Engels-Standbilder.

Leider ist der Paternoster-Aufzug in die oberen Etagen nicht mehr in Betrieb. Wir nehmen also die Treppe und besichtigen die neue Dauerausstellung in der ersten Etage, die im Januar 2015 anlässlich des 25-jährigen Jahrestages der Erstürmung der Stasi-Zentrale eröffnet wurde. Unter dem Motto „Der Auftrag – die Täter“ werden hier zahlreiche Text-, Bild-, Ton- und

Videodokumente präsentiert, die über die Gründung und Geschichte, die Ziele und Aufgaben und die hauptamtlichen und inoffiziellen Mitarbeiter informieren. Hier steht eindeutig der informative Charakter im Vordergrund, denn inzwischen ist eine Generation herangewachsen, die die Stasi nicht mehr bewusst erlebt hat. Ganz zu schweigen von den vielen Besuchern, die nicht in der DDR geboren wurden! Die Vorgängerin dieser Dauerausstellung dagegen setzte doch noch einiges an Spezialwissen bzw. gelebter Erfahrung voraus.

Der eigentliche Höhepunkt des Museums erwartet uns in der zweiten Etage: die Dienst- und Arbeitsräume von Erich Mielke, dem berüchtigten Chef der DDR-Staatssicherheit, salopp genannt die „Mielke-Suite".

Raum 1 war früher das Büro von Mielkes Vertrautem, dem Oberst Heinz Volpert. Dann geht es in die vollständig erhaltenen Diensträume. Zunächst ist da in Raum 2 die Loge des Fahrers und Personenschützers und dahinter das Sekretariat (Räume 3 und 4). Mielke beschäftigte vier Sekretärinnen. Sekretariatsleiter war Generalmajor Hans Carlsohn. Dem Sekretariat stand eine eigene Küche zur Verfügung (Raum 5). Danach kam das Büro der Chefsekretärin bzw. Vorzimmer mit einer riesigen Telefonanlage (Raum 6). Hier saß Genossin Major Drastow, die einiges zu berichten wusste. Es war u.a. ihr Job, Mielkes Frühstück zuzubereiten und es ihm zu bringen.

„Natürlich mußte ich ihm sein Frühstück machen. Punkt dreiviertel acht hatte ich ihm das NEUE DEUTSCHLAND, zwei Tassen Kaffee, zwei Butterstullen und ein 5-Minuten-Ei zu servieren. Tag für Tag, Jahr für Jahr." (Quelle: BZ, 28.5.2000)

Für die Anordnung der Speisen und der Zeitung auf dem Plaste-Tablett gab es extra einen Plan, eine gezeichnete Dienstanweisung. Lag etwas nicht genau an seinem Platz, bekam der Minister einen seiner gefürchteten Wutanfälle. Dies gehörte aber noch zu seinen harmloseren Entgleisungen.

In Raum 7 war das Büro des Ministers, das Zentrum der Macht. Von hier aus dirigierte Mielke den Überwachungsapparat. Auf dem Schreibtisch befindet sich auch das schwarze abhörsichere Telefon, das ihn mit dem Netz der Ostblock-Geheimdienste verband. Raum 8 und 9 waren Privatbereich des Ministers mit Schlafcouch, TV, Bad und WC, praktisch eine kleine Miniwohnung zum Übernachten. Raum 10 ist ein Durchgangszimmer, das zum Kasino führt, wo die MfS-Generäle ihre Kaffeepausen hielten. Raum 11 ist ein großer Konferenzsaal, an dessen Stirnseite ein Ölgemälde des Malers Frankenstein vom Bau der Mauer („anti-imperialistischer Schutzwall") hängt. In Raum 13 schließlich ist die Garderobe für die Konferenzteilnehmer. Das Ganze ist ausschließlich mit dem Original-DDR-Mobiliar eingerichtet, in den für den Ostblock so typischen gedämpften Farben. Die Räume atmen die Tristesse der 50er und 60er Jahre in den Staaten hinterm „Eisernen Vorhang": chronisch überheizte Räume, stickige Luft, kleinwüchsige Gummibäume. Man fühlt sich in den Film „Der zerrissene Vorhang" von Hitchcock versetzt.

In der dritten Etage finden wir Räume mit Ausstellungsstücken zu den Themen „Das MfS in Aktion – das Ende – temporäre Ausstellungen".

Auf dieser Etage gibt es auch einige schöne Exponate für James-Bond-Fans: versteckte Kameras in Mülltonnen, Gießkannen und Abendtäschchen, ja sogar die Sowjet-Kamera Totschka im Schlips. Dazu noch elektronische Wanzen und Kameras in Knopfoptik zum Verstecken im Mantel. Es wurden alle Register gezogen!

Das Stasi-Museum in der Ruschestraße ist sicher eins der interessantesten Museen in Berlin. Doch Bildungshunger macht müde und wir haben uns eine kleine Pause verdient. Deshalb verlassen wir jetzt den Stasikomplex und gehen die Frankfurter Allee hinunter bis zur Siegfriedstraße. Dort nehmen wir die Tram Nummer 21 Richtung Schöneweide und fahren ca. 6 Minuten bis zur Haltestelle Herzbergstr./Industriegebiet.

Dort ist das **Dong Xuan** ❷ (Frühlingswiese) Center, ein kleines Stück Vietnam mitten in Berlin. Auch an diesem Ort treffen wir wieder auf ein Stück Migrationsgeschichte: Die DDR brauchte dringend Fachkräfte und warb zu diesem Zweck Arbeiter aus außereuropäischen sozialistischen Bruderländern an.

1980 kam ein Abkommen mit Vietnam zustande. Die Vietnamesen arbeiteten vor allem in der Textil- und Konsumgüterindustrie. Die Arbeitsverträge dauerten in der Regel 2 bis 6 Jahre. Eine Integration der ausländischen Arbeiter war nicht vorgesehen, auch keine dauerhafte Übersiedlung oder das Nachkommen der Familien. Die Vertragsarbeiter wohnten meist in eigens für sie errichteten Wohnheimen und Baracken, wo sie weitgehend unter sich blieben.

Anlässlich einer Ausstellung über das Leben der Vertragsarbeiter in der DDR schrieb die „Berliner Zeitung“: „Die Wirtschaft der DDR war ohne sie nicht denkbar, aber niemand war ihnen dankbar.“ (Quelle: „Beim Reden nicht so viel lächeln“, Berliner Zeitung, 22.11.2008)

Nachdem das sozialistische Bruderland aufgehört hatte zu existieren und die BRD an seine Stelle getreten war, entschlossen sich viele Vietnamesen hier zu bleiben. Ihnen ist der exotische und doch recht unbekannte Anziehungspunkt Dong Xuan zu verdanken. Auf einer ehemaligen Industriebrache entstand eine kleine „Asiatown“ mit acht großen, betriebsamen Hallen. Fünf davon stehen dem Spaziergänger offen, in den anderen sind Lager untergebracht. Mehr als 700 Händler verkaufen hier Importware: asiatische Lebensmittel, auch Spezialitäten, wie z.B. tiefgefrorene Seidenspinnerlarven, Textilien, Schuhe, Taschen, Accessoires, billige Handys, Berlin-Souvenirs, Spielzeug, Haushaltswaren, Modeschmuck, palettenweise Nagellack, maßgeschneiderte Hochzeitskleider, Dekorationsartikel wie Plastikblumen und bunte Leuchtreklamen, aber auch kleine Schätze, wie seidene Kimonos und Holzschnitzereien und vieles mehr. Einige von ihnen sind ausschließlich Grossisten, die meisten betreiben aber sowohl Groß- als auch Einzelhandel und beim Stöbern nach einem netten und preiswerten Mitbringsel aus Berlin kann man durchaus fündig werden. Der Besuch der Restaurants und Supermärkte spricht alle Sinne an. Vor allem Fans der asiatischen Küche kommen auf ihre Kosten. Nirgendwo in Berlin bekommt man eine authentischere und bessere Phô (Reisbandnudelsuppe) als hier und das auch noch erfreulich preiswert. In einigen der Läden sieht man kleine buddhistische Altäre mit Opfergaben: Räucherstäbchen, frische Blumen, Orangen, Zigaretten und Rotkäppchen-Sekt. Auch der Dienstleistungssektor hat einiges zu bieten: Kosmetik- und Massagesalons, Friseure, Tätowier- und Nagelstudios.

Wenn man durch die Hallen spaziert, kann man ein wenig eintauchen in die Welt der ca. 12.000 in Berlin lebenden Vietnamesen. In einem der Friseursalons werden einer Braut kunstvoll die Haare hochgesteckt und mit weißen Blüten verziert, in einer kleinen vietnamesischen Pâtisserie rollen zwei junge Mädchen süße Reiskugeln, im Hintergrund laufen bunte Musikvideos aus Vietnam. Berlin-Lichtenberg ist plötzlich sehr weit weg!

Nach unserem Kurztrip auf den asiatische Kontinent geht es weiter. Nun treten wir eine Zeitreise an, ein paar Dekaden zurück, wieder in die DDR. Wir verlassen die „Frühlingswiese" durch das Tor, durch das wir gekommen sind und gehen ein Stück zu Fuß, bis zur Ecke Siegriedstraße. Dort nehmen wir den 256er Bus und fahren fünf Haltestellen, bis zur Freienwalder Straße. Von hier ist es ein kurzer Fußmarsch bis zum ehemaligen Sperrgebiet des Zentralen Untersuchungsgefängnisses Hohenschönhausen. Auch dieses Areal war früher hermetisch abgeriegelt und in keinem Stadtplan verzeichnet.

Der Eingang zur **Gedenkstätte Hohenschönhausen** ❸ ist an der Ecke Freienwalder Str./Genslerstraße. Die Besichtigung des ehemaligen Stasi-Gefängnisses ist nur im Rahmen einer Führung möglich. Dafür sollte man gut zwei Stunden einplanen. Zunächst bekommt man meist einen ca. 30-minütigen Infofilm zu sehen, dann eine Führung durch den Knast, entweder mit einem Historiker oder einem Zeitzeugen. Zeitzeugen sind Menschen, die selber als Gefangene in Hohenschönhausen waren. Die ältesten Zeitzeugen waren Mitte bis Ende der 50er Jahre hier inhaftiert, die jüngeren unmittelbar vor der Wende.

Diese Führungen kann man wirklich nur empfehlen, denn man hört von spannenden und beklemmenden Schicksalen aus erster Hand und hat auch noch die Gelegenheit, Fragen zu stellen. Mit einem „normalen" Museumsbesuch, bei dem man Exponate besichtigt, die in ein eigens dafür errichtetes Museum geschafft wurden und zu denen in der Regel große räumliche und zeitliche Distanz besteht, kann man diesen lebenden Geschichtsunterricht am original erhaltenen Schauplatz nicht vergleichen!

Hinter Mauern und Stacheldraht

Zunächst ein paar Fakten: nach Kriegsende 1945 hatte die Rote Armee den Ostteil Berlins besetzt. Die russische Geheimpolizei NKVD ließ an dem Ort, an dem sich zuvor eine Großküche der Nazi-Organisation „Nationalistische Volkswohlfahrt“ befunden hatte, das berüchtigte „Speziallager 3“ errichten. Ursprünglich hauptsächlich für Kriegsverbrecher und höherrangige Nazis gedacht, entwickelte sich das Gefangenenlager schnell zu einer Sammelstelle von „feindlichen Elementen“ gegenüber dem kommunistischen System, ganz im Sinne Stalins. Im Lager herrschte großes Elend: Hunger, Kälte, Auszehrung und Krankheiten rafften bis 1946 ca. 1000 Menschen hin, zeitweise waren 4200 Gefangene hier auf engstem Raum zusammengepfercht. Wer überlebte, wurde oft weitergeleitet, z.B. in eines der weiterhin genutzten Konzentrationslager wie Sachsenhausen oder in sowjetische Arbeitslager, wie Workuta am Polarkreis. 1946 wurde das Lager wegen seiner katastrophalen Bedingungen aufgelöst. An gleicher Stelle entstand aber hier ein Gefängnis, die Zentrale Untersuchungshaftanstalt der sowjetischen Geheimpolizei (1946 - 1951), danach das Zentrale Untersuchungsgefängnis der Staatssicherheit (1951 - 1989).

In der SBZ (= Sowjetische Besatzungszone) und ihrer Nachfolgerin, der DDR, gab es viele Menschen, die den totalitären Herrschaftsanspruch der Kommunisten, ihre brutalen Unterdrückungsmechanismen, Zwangsenteignungen etc. ablehnten. Das Regime setzte Terror und Einschüchterung ein. Eine unbedachte Äußerung oder eine Denunziation konnte einem lange Haft, Folter und Arbeitslager einbringen.

Zunächst galt hier das sowjetische Strafgesetzbuch der 20er Jahre, danach das Strafgesetz der DDR. Beide enthielten „Gummiparagraphen“, die man so dehnen konnte, dass man fast jeden mühelos hinter Gitter bringen konnte. Strafmündig war man nach dem sowjetischen Strafrecht bereits mit 12 Jahren. Das führte dazu, dass auch Minderjährige hier einsaßen. Der jüngste Insasse war ein 12-jähriger Junge. Ein 14-jähriges Mädchen war inhaftiert, weil es ein Stalin-Plakat mit einem Lippenstift beschmiert hatte.

Anhand solcher Fälle wird schon klar, dass das Untersuchungsgefängnis Hohenschönhausen kein normales Gefängnis war. Seine Insassen waren allein aus politischen Gründen hier, als Regimegegner oder Republikflüchtlinge. Es gab in der DDR noch mehr Untersuchungshaftanstalten der Stasi, z.B. Halle (Roter Ochse) oder Bautzen (Gelbes Elend). Hohenschönhausen war eins der größten Gefängnisse mit ca. 72.000 Fluchtversuchs-Häftlingen im Laufe seines Bestehens. Natürlich gab es daneben auch noch „normale“ Gefängnisse in der DDR.

Doch zurück zum Rundgang: Nach dem Dokumentarfilm wird man vom Zeitzeugen abgeholt, der die Besucher über das Gelände führt. Zunächst geht es ins „U-Boot“. Im Kartoffelkeller unter der ehemaligen Großküche mussten Häftlinge einen Gefängnistrakt errichten, in dem auch die Kellerfenster zugemauert waren. Das diente der Desorientierung der Gefangenen. Sie sollten weder wissen, wo sie sich befanden, noch, welche Tageszeit gerade war. Tag und Nacht brannte ein Licht oberhalb der Zellentür, was dem U-Boot den Beinamen „Hotel zur ewigen Lampe“ einbrachte. Zur sowjetischen Zeit wurden bis zu 10 Personen in die Sammelzellen eingesperrt, später nur noch 5 bis 6. In den Zellen gab es nur eine Holzpritsche und einen Kübel für die Notdurft, sonst nichts. Im U-Boot wurde auch gefoltert, z.B. in Wasserzellen mit erhöhter Türschwelle, in denen der Gefangene zentimetertief in kaltem Wasser stand. Diese Zellen hatten außer einem Kübel kein Mobiliar. Daneben gab es auch noch eine Stehzelle. In dieser 1 m^2 kleinen Zelle unter einer Treppe konnte der Gefangene nur hocken oder gebückt stehen. Ferner waren Schlafentzug, Drohungen und körperliche Gewalt an der Tagesordnung. Ähnlich wie in den früh-neuzeitlichen Hexenprozessen wurde auf diese Weise versucht, von den Gefangenen Geständnisse zu erpressen.

Die Besuchergruppe verlässt dieses finstere Hexenverlies wieder und erfährt an der frischen Luft, dass das gesamte Gefängnisareal Ende der 50er Jahre kräftig wuchs und zu einem großen Sperrbezirk ausgeweitet wurde, auf dem weit über 1000 Mitarbeiter beschäftigt waren.

Das U-Boot wurde bis 1961 als Kellergefängnis genutzt, danach war es nur noch Lagerraum. 1960 war nämlich das neue Gebäude ebenfalls von Gefangenen fertiggestellt worden. Dem Motto der „neuen Zeit" entsprechend (man wollte internationale Anerkennung durch mehr Transparenz und augenscheinliche Wahrung der Menschenrechte) war das Gebäude durch den Einsatz von Glasziegeln heller, die Zellen (zumeist Einzelzellen) moderner mit Toilette und Warm- und Kaltwasser.

Doch der Schein des humaneren Strafvollzugs war trügerisch: Durch die Glasziegel kommt zwar Licht, aber sie sind zugleich blickdicht. Es gab keinen Hofgang für die Gefangenen im „Rosenhof" und die physische Gewalt und Folter waren durch Psychoterror abgelöst worden. Die Methoden, mit denen man die Menschen jetzt mürbe machte, waren strenge Isolation, stundenlange Verhöre jeden Tag, Drohungen, u. a. der Familie des Häftlings etwas anzutun. Die Stasi-Offiziere wurden speziell zu diesen Zwecken in der Stasi-Hochschule bei Potsdam in „operativer Psychologie" unterwiesen. Im neuen Gebäude gab es ca. 200 Verhörzellen, es wurde verhört wie am Fließband! Die Vernehmungsräume hatten dicke Vorhänge, die zum Verhör zugezogen waren. Die Schränke sind versiegelt und die Atmosphäre ist auch heute noch beklemmend. Jeder Vernehmer hatte nur die Akten, die er bearbeitete und die Verhöre wurden aufgezeichnet, u.a. um den Vernehmer zu kontrollieren. Es sollte unbedingt verhindert werden, dass sich persönliche Beziehungen zwischen Wärtern/Vernehmern und Gefangenen entwickelten oder gar Gefühle wie Mitleid aufkamen. Dafür sorgte man durch „Rotlichtbestrahlung“ (= Indoktrinierung) des Personals, das in dem Gefangenen lediglich eine Person, die den Weltfrieden gefährden wollte, sehen sollte. Wärter und Vernehmer kannten die Namen der Gefangenen nicht. In der Effektenkammer wurde neben der Kleidung auch der Name abgegeben und man bekam stattdessen eine Nummer. Daneben sieht man einen Fotoraum, in dem die Gefangenen für die Kartei fotografiert wurden. Es scheint festzustehen, dass hinter der Fotoleinwand ein Röntgengerät stand, mit dem man den Häftling ohne sein Wissen radioaktiv bestrahlen konnte. Einige prominente Dissidenten, wie der Schriftsteller Jürgen Fuchs, bekamen im Anschluss an ihre Haft Blutkrebs, was sie auf radioaktive Bestrahlung zurückführten.

Die Untersuchungshaft dauerte in der Regel zwischen drei Monaten und einem Jahr. Das entschied der Haftrichter nach Vorlage. Die Familien wussten in dieser Zeit oftmals nicht, wo sich ihre Angehörigen befanden.

Die Erleichterung, die man verspürt, wenn man aus diesem tristen Gebäude in die frische Luft kommt, hält nicht lange an. Der Zeitzeuge nimmt die Besucher nämlich noch mit zu den Frischluftzellen, auch „Tigerkäfige“ genannt, weil sie nach oben hin zugegittert sind und so dem Gefangenen auch nicht eine Minute seines Aufenthalts einen Blick in den freien Himmel ermöglichen.

Ich habe während dieser Besichtigung mehr über die DDR gelernt als im gesamten Geschichtsunterricht meiner Schulzeit. Wenn dieser Rundgang auch nicht „schön“ im Sinne von „erbaulich“ ist, so ist er doch einmalig spannend und vermittelt auf unvergleichliche Weise ein Stück jüngster Zeitgeschichte. Nicht verpassen!

Einer der letzten Insassen von Hohenschönhausen war übrigens Stasi-Chef Erich Mielke, dem nach der Wende der Prozess gemacht werden sollte. Er beschwerte sich über die miesen Haftbedingungen und kam daraufhin in ein Gefängnis in West-Berlin (JVA Moabit)!

Grenzerfahrungen: Stasi und Wessi

Nicht nur DDR-Bürger gerieten ins Visier der Stasi. Auch Besucher aus West-Deutschland („Wessis“) oder West-Berlin erregten oft ungewollt die Aufmerksamkeit und das Misstrauen der Staatssicherheit. Dazu reichte schon ein kurzer Besuch mit Tagesvisum.

Die Einreise von West- nach Ost-Berlin erfolgte über Grenzübergangsstellen, die äußerst scharf kontrolliert wurden, und zwar von den PKE (= Passkontrolleinheiten), die nicht dem Verteidigungsministerium, sondern dem MfS unterstanden. Sie trugen die Uniformen der Grenztruppen.

An der Grenzübergangsstelle brauchte man als Bundesbürger einen gültigen Reisepass. Folgende Bedingungen waren an die Einreise nach Ost-Berlin geknüpft: man durfte das Berliner Stadtgebiet nicht verlassen und musste bis spätestens 24 Uhr über denselben Grenzübergang wieder ausgereist sein. Übernachtungsaufenthalte waren in der Regel nicht möglich. Außerdem gab es an der Grenze einen Pflicht-Mindestumtausch von Devisen (seit 1980: 25 DM zum offiziellen Wechselkurs 1:1 in Mark der DDR). Dieses Geld musste auch in Ost-Berlin ausgegeben werden, die Ein- und Ausfuhr von Ostmark war nicht erlaubt. Ebenfalls verboten war die Einfuhr/Mitnahme von kapitalistischem Schriftgut (Bücher, Zeitungen, Illustrierte, Flugblätter etc.). Unerwünscht war auch die Kontaktaufnahme zu DDR-Bürgern, insbesondere zu Angehörigen der Nationalen Volksarmee (NVA). Auch die Liste der Objekte, die man nicht fotografieren durfte, war lang, z.B. Grenzanlagen, die Mauer,

Gebäude von militärischer Relevanz, wobei dieser Begriff sehr weit gefasst war …

Wie man sieht, war es relativ einfach, in irgendein Fettnäpfchen zu treten und richtig Ärger zu bekommen. Dies illustriert der authentische Fall einer Frau, die 1979 als 18-jährige einen Besuch mit Tagesvisum in Ost-Berlin machte und uns von ihren Erinnerungen erzählt:

Damals wohnte ich mit meinen Eltern in Essen und ging in die 12. Klasse des Gymnasiums. Zu meinem 18. Geburtstag hatte ich einen besonderen Wunsch. Ich wollte das erste Mal allein verreisen, und zwar nach Berlin. Berlin, das war für mich: Wohnort von David Bowie, dessen LP „Helden" ich im Schlaf mitsingen konnte, Metropole der Unangepassten, Aussteiger, Punks, Hippies, Hausbesetzer, Wehrdienstverweigerer, keine Polizeistunde, aufregende Konzerte und schließlich auch Ost-Berlin, fremd und geheimnisvoll, obwohl mitten in Deutschland.

Mein Wunsch ging in Erfüllung. Freunde und Verwandte machten zu meinem Geburtstag Geldgeschenke, so dass ich mir eine Bahnfahrkarte kaufen und in den Sommerferien sechs Übernachtungen in der Jugendherberge in der Bayernallee buchen konnte.

West-Berlin war toll und erfüllte alle meine Erwartungen. Nun wollte ich aber auch den „Osten" kennenlernen. Ich machte mich also morgens nach dem Frühstück von meiner Jugendherberge auf und stieg am Ku'damm aus, wo ich mir im Zeitungsladen eine englische Modezeitschrift kaufte, um mögliche Wartezeiten am Grenzübergang zu verkürzen. Auf dem Weg zum Bahnhof Zoo geriet ich in eine Demo („Legalize it" - gemeint waren Cannabisprodukte) und bekam ein paar Flugblätter in die Hand gedrückt, die ich in meine

Tasche steckte. Ich nahm die S-Bahn zur Friedrichstraße und folgte den Hinweisschildern zur Grenzkontrolle. Die langen, unterirdischen Gänge zur Passkontrolle waren öde: schmucklose Fliesen, kaltes Neonlicht und ein scharfer Geruch von Reinigungsmitteln.

In der Abfertigungshalle saßen die Angehörigen der DDR-Grenztruppen in ihren kleinen mit SprelaCart verkleideten Abfertigungsbuden. Mein Reisepass wurde einer eingehenden Kontrolle unterzogen und ich wurde misstrauisch gemustert. Mein Look war westlich-dekadent: Afro-Dauerwelle, gebändigt mit einem bunten indischen Seidentuch, flatterige weiße Baumwollbluse, selbstgenähte Pumphose aus geblümtem Gardinenstoff und Jesuslatschen. Ich wurde nach dem Zweck meines Besuches gefragt und aufgefordert, meine Tasche auszupacken. Schon begann der Ärger: der Grenzer, der meine Handtasche kontrollierte, brachte die Flugblätter und die Modezeitschrift zum Vorschein und wollte wissen, wieso ich „imperialistisches Propagandamaterial" in die DDR einführen wollte. Das subversive Schriftgut wurde kurzerhand konfisziert, erst danach durfte ich einreisen in den Arbeiter- und Bauernstaat.

Nun stand ich also in der Friedrichstraße, musste meine Erfahrungen mit der Grenzkontrolle erst mal verdauen und begann, meine Umgebung zu sondieren. Während im Westen alles grell und bunt war, schien mir hier alles sehr farblos. Dieser Eindruck verfestigte sich beim Einbiegen in die Seitenstraßen. Nach dem Krieg hatte sich hier nichts verändert, die dominierenden Farben waren grau und braun mit sämtlichen Zwischentönen, hin und wieder unterbrochen durch die rote Fahne der kommunistischen Partei oder den Farbklecks der DDR-Flagge. An einem Platz waren riesige

Plakate aufgehängt mit Portraits der „Helden der Arbeit". Mich zog es ins Zentrum, Richtung „Unter den Linden" und Alexanderplatz. Nach einigem Suchen fand ich auch einen Stand mit Ansichtskarten. Ich wählte eine Postkarte mit der Aufschrift „Grüße aus Berlin – Hauptstadt der DDR" und schrieb an meine Eltern, ungefähr so:

Ihr Lieben,
wie Ihr wisst, geht mir der westliche Kapitalismus mit seiner Dekadenz schon lange auf die Nerven. Mein Entschluss steht daher fest, ich werde hier in Ost-Berlin bleiben und habe schon einen Antrag auf Einbürgerung in die DDR gestellt … usw. usf.

Ein Gefühl tiefer Zufriedenheit erfüllte mich, als ich die Karte eingeworfen hatte. Nun steuerte ich den Alex an, wo ich in der „Espressobar" einen Kaffee bestellte. Es dauerte nicht lange, da hatte ich erste Kontakte geknüpft. Ein gutaussehender junger Mann in Uniform der NVA, nennen wir ihn Micha, sprach mich an. Er hatte noch zwei Freunde dabei, ebenfalls uniformiert, einen Matrosen und einen Wehrdienstleistenden. Wir unterhielten uns, worüber sich wahrscheinlich junge Leute auf der ganzen Welt damals am liebsten unterhielten: über Rockmusik und die neuesten Schallplatten, Schule, Beruf, Sport (Fußball), Jeans (die begehrten Marken aus den USA gab es nicht in der DDR) und Reisen (hier hatte der Matrose eindeutig die Nase vorn). Die Jungs kannten sich auch sehr gut mit dem Programm des Westfernsehens aus, obwohl das in der DDR eigentlich verboten war. Ich erfuhr, dass es hinter Dresden ein „Tal der Ahnungslosen" gab, in dem man keinen West-Empfang hatte.

Wir verstanden uns so gut, dass wir beschlossen, gemeinsam weiterzuziehen. Die drei Berliner Jungs bestanden darauf, mich einzuladen und mich mit einigen DDR-Spezialitäten zu verwöhnen, wie „Pfeffi" (Pfefferminzlikör) und „Kiwi" (Kirschwhiskey).
Es wurde ein kurzweiliger Nachmittag und die Zeit verging wie im Flug. Nachdem wir ein paar Kneipen um den Hackeschen Markt aufgesucht hatten, ging es weiter an die Spree, in eine Schifferkneipe. Ich erinnere mich noch genau an die Toiletten. Am Damenklo hing ein Bild mit einem Schiff. Darunter stand „Fregatten". Am Herrenklo dasselbe, nur mit „Kreuzer". Unsere kleine Runde war in der Zwischenzeit so richtig schön in Fahrt gekommen. Im Laufe des Abends steuerte ich den Hort der Fregatten öfter an, zunächst mit steifer Brise und leicht schwankend. Der Seegang nahm von Mal zu Mal zu und steigerte sich zu schwerer See mit Orkanböen. Schließlich, zu fortgeschrittener Stunde, konnte man getrost von Seenot sprechen und es drohte schwere Havarie. Kiwi, Bier und Pfeffi zeigten ihre Wirkung, und dort, wo anfangs nur eine einsame Fregatte abgebildet war, tummelte sich jetzt eine ganze Flotte. Michas Freunde hatten sich schon verabschiedet, die Kneipe machte zu und wir bemerkten erschreckt, dass es schon kurz nach zwölf war. Micha, ganz Kavalier, griff mir unter die Arme und trug mich mehr als dass ich lief, Richtung Friedrichstraße zum „Tränenpalast". Ich erinnere mich noch an leidenschaftliche Küsse auf dem taghell erleuchteten Postenweg nahe der Ausreisehalle. Ein letzter Blick und Gruß, dann stand ich in der Abfertigungshalle, wo die Grenzer schon auf mich zu warten schienen. Mir wurden Reisepass und Portemonnaie abgenommen und ich wurde in eine kleine Zelle gesperrt, so groß wie die Umkleidekabine in einem öffentlichen Schwimmbad.

Es war kalt und dunkel und ich war auf einen Schlag wieder nüchtern. Ich bekam Angst. Was sollte ich nur tun, wenn die mich einsperren würden? Kein Mensch wusste, dass ich nach Ost-Berlin gefahren war. Dann fiel mir auch die elende Postkarte wieder ein. Ich sah mich schon in Bautzen verrotten, während meine Familie denken würde, ich sei zum Klassenfeind übergelaufen und wohne in der DDR.
Nach einiger Zeit wurde die Tür von meinem Verschlag aufgerissen und eine DDR-Grenzerin in Uniform leuchtete mir mit einer grellen Lampe ins Gesicht. Sie war groß und dick und laut, Typ Flintenweib. Nach einer eingehenden Leibesvisitation legte sie los. Aus ihrer Akte las sie mir genau vor, um wie viel Uhr ich in die DDR eingereist war, was ich getan hatte und wohin ich gegangen war. Ich staunte nicht schlecht; ich war also die ganze Zeit von der Stasi beschattet worden, ohne es gemerkt zu haben. Sie wusste auch genau, wann und wo ich Micha und seine Freunde zum ersten Mal gesehen hatte. „Kontaktaufnahme mit Angehörigen der NVA" nannte sie es, „neue Freunde kennenlernen" nannte ich es. Immer wieder hackte sie auf einem Punkt herum: ob wir politische Gespräche geführt hätten? Ich hatte natürlich längst begriffen, dass ich Micha und die beiden anderen nicht noch mehr in Schwierigkeiten bringen durfte. So redete ich mich um Kopf und Kragen, zitierte Brecht und versuchte, das bisschen Wissen, was ich über Marx und Hegel und den dialektischen Materialismus hatte, zusammenzukratzen. Nach einer Weile gab meine Peinigerin genervt auf. Ich bekam meinen Pass und meine Geldbörse zurück und wurde bis zur Treppe zu den S-Bahngleisen geleitet. Hier musste ich bis ca. halb fünf auf dem Bahnsteig warten, bis eine Bahn kam, die mich wieder in den Westen brachte.

Auf dem Bahnhof Zoo tobte schon das Leben: Junkies, Stricher und ein paar Besoffene, die sich lautstark stritten. Ich atmete tief durch und trat aus der Bahnhofshalle nach draußen. Guten Morgen, West-Berlin! Alles so schön bunt hier!
P.S. Mit Micha hatte ich noch ein paarmal Briefkontakt. Jedes Mal, wenn ich einen Brief von ihm bekam, war er aufgerissen und danach schlampig mit Tesafilm wieder zugeklebt.

Übernachten im Stasi-Sperrbezirk

- ***Hostel Eastpax***, Freienwalder Str. 17, Schlafen im Gebäude des ehemaligen operativen, technischen Dienstes/ Abteilung Bewaffnung/Chemischer Dienst, mit Ausblick auf den Knast in der Genslerstr., ca. 23 Minuten mit der Tram zum Zentrum (Alex), WWW.EASTPAX.DE

Museen

- ***Stasi-Museum,*** Staatssicherheit in der SED-Diktatur, Ruschestraße 103, Haus 1, WWW.STASIMUSEUM.DE
- ***Stasi-Gefängnis,*** ehemaliges sowjetisches Speziallager und Untersuchungsgefängnis des Ministeriums für Staatssicherheit, Genslerstr. 66, WWW.STIFTUNG-HSH.DE

Cafés, Essen, Trinken und Einkaufen

- ***Dong Xuan Center***, Herzbergstr. 128-139, Achtung: Dienstags ist das Center geschlossen! Öffnungszeiten: Mi – Mo 9 – 20 Uhr. Besonderer Tipp: Phô Bo, eine vietnamesische Reisbandnudelsuppe mit hauchdünn geschnittenen Rindfleischscheiben, frischen Kräutern und Gewürzen wie Koriander und Sternanis, WWW.DONGXUAN-BERLIN.DE

Nachtleben

- ***Sisyphos,*** Hauptstr. 15, 10317 Berlin-Lichtenberg, WWW.SISYPHOS-BERLIN.NET Das Gebäude des Nachtclubs ist in einer ehemaligen Hundekuchenfabrik. Musikrichtung: Elektro, Techno, House.

ISBN 978-3-7418-1313-9
9 783741 813139 00015
www.epubli.de